Heute liebe ich mich selbst!

BODO KARSTEN UNKELBACH

Heute liebe ich mich selbst!

In 7 Schritten zur Resilienz

claudius

FSC
www.fsc.org
MIX
Papier aus verantwortungsvollen Quellen
FSC® C083411

2. Auflage 2017

www.claudius.de

Umschlaggestaltung: Mario Moths, Werl
Umschlagfoto: © Photographee.eu/Fotolia.com
Gesetzt aus der Bembo Book, Univers und Olivier
Druck: Clausen & Bosse, Leck

ISBN: 978-3-532-62489-0

INHALT

Einleitung

Als Chefarzt einer Suchtklinik begegne ich täglich Menschen, die an sich selbst verzweifeln. Sie haben zu viele Rückschläge erlitten. Und mit jedem neuen Rückfall scheint der Rest an Selbstliebe, der vielleicht noch vorhanden ist, weiter zu erodieren.

Als Psychiater und Psychotherapeut, der sich auf Suchtkrankheiten spezialisiert hat, ist es meine Aufgabe, Menschen wieder aufzubauen, ihnen Zuversicht und Hoffnung zurückzugeben. Dabei geht es immer um Hilfe zur Selbsthilfe. Was benötigt ein Mensch, der meint, versagt zu haben, um sich wieder achten und lieben zu können?

Zwar ist es meine Aufgabe, suchtkranke Menschen zu verstehen, aber ich bin kein Spezialist für Suchtmittel – in dieser Frage lerne ich von meinen Patienten. Sondern ich bin Experte für ein suchtmittelfreies Leben. Mich bewegt dabei die Frage, wie wir ein glückliches, unabhängiges und selbstbestimmtes Leben führen können. Antworten finden wir bei den Gesunden, nicht in der Krankheit. Was hat ein Mensch, der selbstbewusst auftritt, der weiß, was er will, und der sich von Rückschlägen nicht entmutigen lässt? Diesen Menschen begegnen wir überall. Die Forschung hat gezeigt, dass nicht die Anzahl und Schwere von lebensbelastenden Ereignissen allein dafür ausschlaggebend sind, ob ein Mensch eine seelische Erkrankung entwickelt. Entscheidend ist, ob wir über Fähigkeiten verfügen, mit Schicksalsschlägen souverän umzugehen.

Selbstliebe bildet das Fundament für alle Mechanismen und Strategien, die uns helfen, mit den Belastungen des Lebens fertigzuwerden. In dem vorliegenden Buch werden alle wesentlichen Bausteine der Selbstliebe beschrieben.

Das Herzstück bildet dabei der Kreislauf der Selbstliebe. Er beschreibt, wie wir in sieben Schritten Tag für Tag unsere Selbstliebe nähren und entwickeln können. Dieser zentrale Baustein der Selbstliebe, der bei glücklichen und erfolgreichen Menschen ganz automatisch, also unbewusst, einsetzt, ist keine neue Erfindung, sondern er benennt, was alltäglich, aber verborgen abläuft. In jedem von uns existieren zumindest Fragmente dieses Kreislaufs. Sie werden lernen, sie wahrzunehmen und zu einem Ganzen in Form von sieben aufeinanderfolgenden Schritten zusammenzusetzen. Als Ergebnis werden Sie sich selbst immer stärker lieben, ohne damit jemals wieder aufzuhören.

Die Lektüre dieses Buchs wird Sie in die Lage versetzen, sich eine Basis zu schaffen, auf der Sie ein glücklicheres und selbstbestimmtes Leben aufbauen können. Die Praxistipps und Übungen helfen Ihnen, die theoretischen Überlegungen ganz konkret auf Ihre Person zu beziehen und Selbstliebe Schritt für Schritt zu leben.

Obwohl fast jede seelische Erkrankung auch von einem Mangel an Selbstliebe herrührt, kann dieses Buch keine Therapie durch einen Psychiater oder Psychotherapeuten ersetzen. Aber es kann sehr gut als unterstützende Ergänzung dienen.

Mit meinen Aussagen richte ich mich an Menschen, die merken, dass ihnen etwas fehlt, die aber nicht an einer schweren seelischen Erkrankung leiden und in der Lage sind, eigenverantwortlich zu entscheiden.

Die *Entscheidung* für Selbstliebe wird sich wie ein roter Faden durch dieses Buch ziehen. Vielleicht melden sich bei diesem Gedanken Zweifel, weil Sie den Eindruck haben, dass Sie einfach keine Liebe zu sich verspüren. Wenn das so ist, ist es nicht schlimm. Hierzu ein Beispiel: Wenn eine Frau Mutter wird, liebt sie ihren Säugling grenzenlos. Sie wird große Momente des

Glücks erleben. Aber wenn ihr Baby nachts von Blähungen gequält wird und die Mama es alle eineinhalb Stunden trösten muss, was glauben Sie: Wie viel Liebe wird sie morgens um halb fünf *spüren*? Eine klare Antwort: keine. Vielmehr wird sie fluchen, weil sie nicht weiß, wie sie den kommenden Tag überstehen soll. Das ändert aber nichts daran, dass sie unterhalb der Ebene, auf der sie ihre Erschöpfung wahrnimmt, ihr Baby in der Tiefe ihres Herzens immer über alles lieben wird.

Mit Selbstliebe verhält es sich ähnlich. Es ist schön, sie zu spüren. Aber dieses wohlige, warme Gefühl ist keine Voraussetzung dafür, sich selbst zu lieben. Ausschlaggebend ist, was wir tun. Sie können sich jetzt entscheiden, dass Sie mehr zu diesem Thema wissen wollen. Sie können dieses Buch lesen. Schon allein diese Entscheidung ist ein Stück Selbstliebe!

KAPITEL 1

Selbstliebe ist der Boden, auf dem wir stehen

Sarah: Alkohol als Ersatz für Selbstliebe

Als Sarah Marco auf der Tanzfläche entdeckt, stockt ihr der Atem. Seine starken Schultern und seine geschmeidigen Bewegungen! Sein ganzer Körper scheint aus Rhythmus zu bestehen. Er dirigiert die Musik, nicht umgekehrt. Sie hat Marco flüchtig bei einer Freundin kennengelernt und ist vom ersten Moment an wie elektrisiert. Seine blauen Augen leuchten, sie sind so wach! Und jetzt bewegt er sich vor ihr wie ein junger Gott. Sarah ist hypnotisiert und kann ihren Blick nicht abwenden. Da ist er, ihr Traummann!

Als das Lied zu Ende ist, passiert das Unglaubliche. Marco steuert geradewegs auf ihren Tisch zu. Im ersten Moment freut sie sich riesig, dann steigt Unsicherheit in ihr auf. Sie wird total nervös, fängt an zu zittern. Als Marco bei ihr ankommt, begrüßt er sie mit einem freundlichen „Hallo, wie geht's?". Mehr als ein abgehacktes „Ja, gut, danke" bringt Sarah nicht hervor. Fieberhaft überlegt sie, was sie sagen könnte. Stille. Die Spannung steigt, ihre Nervosität wächst. Gerade als sie ansetzen will, etwas zu sagen, stößt sie mit einer ungeschickten Bewegung ihr Cola-Glas um. Die braune Brühe ergießt sich direkt auf seine Hose. Sie bringt hastig eine Entschuldigung hervor. Marco verabschiedet sich kurz angebunden auf dem Weg zur Toilette und lässt sich nicht mehr blicken. „Wieder versagt, du dumme Kuh", denkt sich Sarah. Der Abend ist gelaufen.

Auch wenn es mit den Männern nicht so recht klappen will, mit ihren Freundinnen versteht Sarah sich blendend. Wenn sie erst mal eine Flasche Prosecco geleert haben, schütten sie sich aus vor Lachen. Sarah lernt, dass Alkohol sie locker und leicht werden lässt. Sie gewöhnt sich an, für schwierige Zeiten immer ein Piccolöchen erreichbar zu halten. Sekt wird ihr treuer Begleiter.

20 Jahre später sitzt Sarah bei mir im Gespräch. Sie möchte von ihrer Alkoholkrankheit loskommen. Auf der Suche nach Ursachen stoßen wir auf ein angeknackstes Selbstwertgefühl. Sarah ist als mittleres von drei Geschwistern aufgewachsen. Ihr großer Bruder strotzt nur so vor Selbstbewusstsein. Ihre Mutter hat zu dem „Stammhalter" stets aufgeblickt. Ihre kleine Schwester ist immer die „süße Kleine" gewesen, viel hübscher als sie. Die Aufmerksamkeit ihres Vaters scheint ganz ihr zu gelten.

Und Sarah ist irgendwie mitgelaufen. Sie ist nicht so wichtig, das Mauerblümchen. Sie hat zu funktionieren. Das tut sie auch, bis heute. Sie passt sich an, sie reagiert und nimmt sich selbst zurück.

Sie erkennt nun, dass sie so nicht weitermachen will. Sie hat es einfach satt, das fünfte Rad am Wagen zu sein. Lange genug ist sie immer die Brave geblieben und hat sich selbstverleugnend angepasst. Damit ist jetzt Schluss! Sie will endlich ihr eigenes Leben leben.

Sarah lernt den Kreislauf der Selbstliebe kennen. Das ist der Beginn einer Revolution. Zunächst fängt sie auf leisen Sohlen an, dann gewinnt sie an Fahrt. Für sie eröffnet sich eine neue Welt, von der sie dachte, dass sie nur den anderen vorbehalten sei. In dieser Welt ist Sarah extrem wichtig, sie nimmt einen zentralen Platz ein. Zunehmend entwickelt sie eine Liebe zu sich selbst, die ihr ungeahnte Kräfte verleiht. Sie bestimmt nun, was sie tut und was sie lässt. Alkohol hat in diesem Leben keinen Platz mehr. Sarah lernt, ihr Glück in die Hand zu nehmen.

Egal, welches Ziel wir in unserem Leben erreichen wollen, beste Voraussetzungen für den Erfolg schaffen wir, indem wir uns selbst lieben. Selbstliebe baut Blockaden ab und öffnet zahlreiche Türen.

Menschen, die sich selbst nicht achten, können nicht erwarten, geachtet zu werden. Gehen wir aber erhobenen Hauptes auf andere zu, wird man uns respektvoll begegnen.

Menschen mit mangelndem Selbstwertgefühl, die sich nicht viel zutrauen, wird es nicht leichtfallen, die Karriereleiter emporzusteigen. Kennen wir aber unsere Fachkompetenz und wissen wir, zu welchen Leistungen wir fähig sind, können wir stolz auf uns sein. Das gibt uns Sicherheit, wenn es darum geht, einen weiteren Karriereschritt zu verhandeln.

Menschen, die überzeugt sind, nicht gemocht und abgelehnt zu werden, haben es schwer, Freundschaften zu schließen. Kennen wir aber unsere Stärken und Schwächen und gehen wir mit unseren Eigenarten gelassen um, wird sich unser entspannter Umgang auf unser Gegenüber übertragen. Bekannte und Freunde werden unsere Gesellschaft suchen, weil es angenehm ist, in unserer Nähe zu sein.

Menschen, die sich minderwertig und hässlich fühlen, werden Schwierigkeiten haben, eine erfüllende Partnerschaft einzugehen. Lieben wir uns aber selbst, dann wissen wir, dass wir wertvoll sind, auch wenn wir nicht perfekt sind. Beim Blick in den Spiegel empfinden wir Stolz, weil wir auch unsere markanten Anteile mit Liebe ansehen. Und wir vertrauen darauf, dass uns zu seiner Zeit derjenige begegnet, den die äußeren Unvollkommenheiten nicht die Bohne interessieren, weil er erkennt, dass wir liebenswert und wunderbar sind.

Menschen, die nicht an sich glauben, können nicht erwarten, dass andere an sie glauben. Trauen wir uns selbst aber etwas zu, werden wir nach und nach Ziele erreichen, wie wir es vor einiger Zeit noch nicht für möglich gehalten haben. Der Glaube an uns und an die eigenen Fähigkeiten führt dazu, dass andere unsere Zuversicht teilen werden.

Selbstliebe ist der Boden, auf dem wir stehen.

Lieben wir uns selbst, gehen wir gelassen mit uns um. Wir erfreuen uns an kleinen Dingen. Wir müssen nicht entwerten und meckern, sondern lenken unsere Aufmerksamkeit auf das Schöne und Wertvolle in uns. Deshalb entdecken wir es auch in unserem Gegenüber. Wir nehmen es vorbehaltlos an und sehen die liebenswerten Seiten. Wir bewundern neidlos die Fähigkeiten und Leistungen anderer und erkennen ihre Begabungen an. Wir achten auf uns, treten für unsere Belange ein und lassen uns nicht bevormunden. Wir verfolgen unsere Ziele, motivieren uns zu Höchstleistungen, erkennen aber auch unsere Grenzen an, wenn wir auf sie stoßen. Zwischenzeitlich gönnen wir uns Ruhepausen, die wir benötigen, um uns auf uns selbst zu konzentrieren, auf uns zu achten und wieder Kraft zu schöpfen. Anschließend geben wir wieder Gas. Wir sorgen für uns. Lieben wir uns selbst, gehören wir zu den Gewinnern.

Selbstliebe erzeugt Nächstenliebe

Menschen, die sich selbst lieben, sind in der Lage, ihren Nächsten zu lieben. Weil sie lieben, werden sie geliebt. In der Partnerschaft verhalten sie sich zärtlich, unterstützend, wohlwollend und wertschätzend, weil sie mit sich selbst ebenso umgehen. Von Selbstliebe erfüllte Menschen haben es nicht nötig, in einen Konkurrenzkampf zu treten, um von ihren Schwächen abzulenken. Sie erkennen die Eigenheiten und Stärken ihres Partners an, schätzen und lieben sie ebenso, wie sie sich selbst lieben. Sie nehmen ihre Rolle als Mann oder Frau ein und füllen sie aus. Sie sind nicht davon abhängig, gelobt und gemocht zu werden, da sie erkannt haben, dass sie wunderbare und wertvolle Menschen sind. Sie wissen, was sie wollen. Sie respektieren ihre Wünsche und Bedürfnisse und sind bereit, ebenso ihrem Partner zu begegnen. Bei Meinungsverschiedenheiten ringen sie um faire und ausgewogene Kompromisse. Selbstliebe spiegelt sich in der Nächstenliebe wider. Ohne Selbstliebe ist Nächstenliebe nicht möglich.

Martina: Die Entwicklung einer eigenständigen Persönlichkeit

Er tritt selbstsicher auf, ist witzig und sieht außerdem noch verdammt gut aus. Als Martina ihrem späteren Ehemann zum ersten Mal begegnet, ist sie tief beeindruckt. Sie kommen miteinander ins Gespräch. Er strahlt Wärme aus, ist geistreich und charmant. Er drückt sich klar aus, kann einen Standpunkt selbstbewusst vertreten und ist auch ein guter Zuhörer.

In ihrer Ehe spielt es sich ein, dass er vorgibt, was gemacht wird. Da es Martina schwerfällt, sich eine Meinung zu bilden und Entscheidungen zu treffen, ist ihr das angenehm.

Einige Jahre später betrügt er sie mit einem kurzen Abenteuer. In der Paarberatung wird deutlich, dass es zwischen ihnen nicht mehr funkt. Es herrscht eine gähnende Leere. Er fühlt sich einsam, da von Martina außer Vorwürfen nichts kommt. Sie fühlt sich einsam, weil sie offenbar nicht mehr interessant für ihn ist. Sie ist ratlos.

Nachdem Martina den Kreislauf der Selbstliebe kennengelernt hat, fängt sie an, ihre Wünsche und Bedürfnisse wahrzunehmen und für sie einzutreten. Ihr Mann ist zunächst irritiert. Aber dann gefällt es ihm immer besser, dass Martina eigene Pläne schmiedet und ihm auch mal Paroli bieten kann, wenn sie etwas stört. Sie entwickelt sich zunehmend zu einer eigenen Persönlichkeit. Es kommt zu Streitereien, die sie nutzen, um zu konstruktiven Ergebnissen zu gelangen. Die Beziehung wird wieder aufregend. Er hat nun endlich ein Gegenüber, nach dem er sich schon lange gesehnt hat. Und sie erfreut sich daran, als eigenständige Person zu leben und als solche wahrgenommen zu werden.

Aller Anfang ist die Entscheidung

Wollen Sie auch ein Mensch sein, der sich aus vollem Herzen selbst liebt? Ich will. Allerdings werden vermutlich weder Sie noch ich das Idealbild, das ich hier beschreibe, immer konsequent leben können. Das ist auch nicht weiter schlimm, da kein Mensch perfekt ist und wir uns nur unglücklich machen, wenn wir nach

Perfektion streben. Schlichtweg weil wir als Menschen fehlerhaft sind und es auch immer bleiben werden. Paradoxerweise werden wir tatsächlich weniger Fehler begehen, je mehr wir sie uns zugestehen. Mit der Akzeptanz unserer Fehlbarkeit entlasten wir uns von innerem Druck und werden frei.

Wenn es Ihnen bis heute Schwierigkeiten bereitet, sich ein beherztes „Ja" zuzusprechen, möchte ich Ihnen zeigen, wie Sie Liebe zu sich selbst aufbauen können. Dabei handelt es sich um einen Prozess. Das hört sich nach Arbeit an, was es vorübergehend auch mal sein kann. Von viel größerer Bedeutung ist jedoch, dass Sie mit jedem Schritt, mit dem Sie liebevoll auf sich selbst zugehen, einen Energieschub verspüren werden. Der Anfang dieses Prozesses liegt immer in einer Entscheidung.

Sie können sich dafür entscheiden, sich Zeit für sich zu nehmen, auf sich zu achten, Ihre Wünsche wahrzunehmen, kleine Veränderungen anzustreben oder ganz große Lebenspläne zu schmieden. Wenn Sie bislang keine Vorstellung davon haben, wie Selbstliebe „funktioniert", können Sie die Entscheidung treffen, dass Sie sie erlernen wollen. Wenn Sie beschließen, keine Entscheidung zu treffen, wird alles so weiterlaufen wie bisher. Was ebenfalls in Ordnung ist.

Das Tolle an Entscheidungen ist, dass wir uns jederzeit wieder neu entscheiden können. Wir verkaufen also nicht unsere Seele, wenn wir uns dafür entscheiden, uns selbst zu lieben. Sollte sich diese Entscheidung zu einem späteren Zeitpunkt als Fehler erweisen, können wir uns dann entscheiden, dieses Projekt aufzugeben. Dazu wird es aber sehr wahrscheinlich nicht kommen. Wenn Sie erst einmal die Kraft und den Segen der Selbstliebe erfahren haben, werden Sie sie nie mehr missen wollen.

Aber ist Liebe denn nicht ein Phänomen, das nur zwischen zwei Menschen existiert? Natürlich sind wir als soziale Wesen auf Beziehungen angewiesen. Aber um Liebe zu erfahren, benötigen wir nicht zwingend ein Gegenüber. Wir können uns auf eine liebevolle Beziehung zu uns selbst einlassen, indem wir uns mit derselben Liebe begegnen, die uns in unserem Leben irgendwann einmal von einem guten Menschen entgegengebracht wurde. Genau das ist der Schlüssel: Wir können eine Beziehung mit uns, also quasi eine Partnerschaft mit uns selbst eingehen. Wir können mit uns selbst sprechen, uns hinterfragen und uns loben. Sie werden sehen, dass das funktioniert. Die Freundschaft mit Ihnen selbst wird Sie Freude und Geborgenheit erleben lassen.

Selbstliebe ist ein erfüllender, lebenslanger Prozess

Als Menschen sind wir auf Entwicklung ausgerichtet. Mit zehn Jahren sind wir ein anderer Mensch, als wir es mit fünf Jahren waren. Mit 20 können wir in eine eigene Welt aufbrechen, sind lebenshungrig, voller Träume und Energie. Mit 30 sehen wir unser Leben wieder etwas gelassener, wir haben uns schon einiges aufgebaut. In der Mitte des Lebens bilanzieren wir und entwickeln abermals neue Sichtweisen für die zweite Lebenshälfte. Im Alter sind wir mit der Aufgabe konfrontiert, uns mit schwindenden Kräften zu arrangieren. Zeitlebens entwickeln wir uns weiter, und das ist gut so.

Wenn Sie sich mit Selbstliebe beschäftigen, so wird es keinen Zeitpunkt geben, an dem Sie sagen könnten, dass Sie dieses Thema abgeschlossen haben. Genauso wenig, wie Sie in einer Partnerschaft sagen würden: „Wir sind jetzt zehn Jahre zusammen und haben alle Fragen geklärt. Wir brauchen über unsere Beziehung nicht mehr zu sprechen." Hört sich festgefahren und langweilig an. Selbstverständlich gehören zu einer Liebesbeziehung Zeiten der Konstanz, in denen wir uns auf einem stabilen Plateau bewegen. Stillstand ist aber der Beginn des Endes. Auch Selbstliebe besteht aus einem lebenslangen Prozess. Die Beziehung zu uns selbst will immer wieder aufgefrischt und erneuert werden. Mit der Entscheidung für Selbstliebe begeben Sie sich also auf eine wunderbare, lebenslange Reise zu Ihrem liebenswerten Selbst.

Wir wählen die Welt, in der wir leben

Wenn im Radio ein Lied läuft, hören zum selben Zeitpunkt Tausende denselben Song. Ob uns das Lied gefällt, es nervt oder eine tief liegende Sehnsucht anstößt, wissen nur wir. Kein Zuhörer wird dieselben Assoziationen haben wie wir. In keinem werden dieselben Erinnerungen angestoßen wie bei uns. Keiner wird mit uns identisch reagieren.

Ob Sie eine Berührung als angenehm oder lästig empfinden, können nur Sie beurteilen. Wie Ihnen ein Essen schmeckt, entscheiden allein Ihre Geschmacksknospen. Andere können Vermutungen anstellen, was Ihnen gefällt. Aber Ihre Reaktion erleben nur Sie.

Es ist nicht mein Anliegen, das Lied des einsamen Wolfs anzustimmen. Sondern es geht darum, unsere wunderbare Einzigartigkeit anzuerkennen. Jeder Mensch lebt in einer eigenen Welt subjektiver Wahrnehmung. Es existieren keine zwei Menschen, deren Welten sich gleichen. Das macht unsere Beziehungen so bunt und vielfältig. Es gibt immer etwas zu entdecken!

Dadurch kommt es aber auch zu Konflikten. Wir meinen, wir wüssten, was unser Gegenüber möchte. Tatsächlich vermuten wir es aber nur. Und unterschiedliche Wahrnehmungen und Beurteilungen derselben Sache führen zu Spannungen.

Es ist unser Job, uns gegenseitig an unserer Weltsicht teilhaben zu lassen, indem wir uns mitteilen und über das sprechen, was wir erleben. Und es ist unsere Aufgabe, uns in die subjektive Welt unseres Nächsten hineinzuversetzen. Dadurch entstehen tief greifende Beziehungen. Und liebevolle Beziehungen sind das Wertvollste, was wir auf dieser Welt besitzen.

Beziehungsaufbau zu anderen ist jedoch schon der zweite Schritt. Als Erstes bauen Sie eine Beziehung zu sich selbst auf. Nur wenn Sie Ihre Individualität anerkennen, versetzen Sie sich in die Lage, Ihre inneren Regungen, Gedanken und Gefühle wahrzunehmen. Das eröffnet Ihnen das Tor zur Selbstliebe.

Unsere Weltsicht existiert kein zweites Mal auf diesem Globus. Nur wir verfügen über unsere subjektive Wahrnehmung. Sie ist ein besonderer Schatz. Unsere Weise zu sehen, zu fühlen, zu hören, zu schmecken und zu tasten ist einzigartig und wunderbar. Unsere Lebensgeschichte und unsere Prägungen sind individuell. Das, was wir erleben, erleben nur wir in genau dieser Weise. Wir sind etwas ganz Besonderes!

Wenn man sich für Selbstliebe entscheidet, bestimmt man, in welcher Welt man lebt. Man wechselt von Passivität und Anpassung in eine Welt der Selbstbestimmung. Man verlässt die graue Zone der Pflichterfüllung und Ohnmacht und beginnt, sein Leben bunt zu gestalten, den Kampf mit Widerständen aufzunehmen und liebevolle Beziehungen einzugehen.

Heute liebe ich mich selbst! ist eine Anleitung zu einer leisen, aber radikalen Lebensveränderung. Wählen wir Selbstliebe, wählen wir eine Weltsicht, in der wir für uns verantwortlich sind. Wir nehmen uns selbst ernst und sorgen für uns. Wir wählen eine Welt, in der wir am Steuer sitzen. Sie birgt viele Abenteuer, Entdeckungen und Freiheit in sich. Wir wählen die Welt der Gewinner!

Doch kennen Sie dieses Phänomen? Sie lesen einen Ratgeber, entwickeln während der Lektüre einen Energieschub, fangen an, neue Verhaltensweisen zu erproben, und dann versandet das aus unterschiedlichsten Gründen. Rückblickend war es nur ein Strohfeuer. Damit sich das mit diesem Buch nicht wiederholt, zeige ich Ihnen nun, wie Sie in Ihrem Herzen einen Anker setzen können, mit dem Sie Ihre Entscheidung für Selbstliebe immer wieder aktivieren können.

So bleiben Sie Ihrer Entscheidung treu

Kein Mensch auf dieser Welt erhält alles von seinen Eltern, das er für ein selbstbestimmtes Leben benötigt. Auch Sie haben nicht all die Liebe erfahren, nach der Sie sich sehnten. Die Entscheidung, sich selbst zu lieben, bedeutet, sich selbst diese Liebe zu geben.

1. Suchen Sie ein Kinderfoto von sich, auf dem Sie direkt in die Kamera blicken. Das kleine Mädchen oder den kleinen Jungen auf dem Bild nennen wir das „junge Ich".
2. Schauen Sie Ihrem jungen Ich in die Augen. Sprechen Sie mit ihm. Dieses Kind hat viel Gutes erlebt. Aber irgendwo steckt auch die Sehnsucht nach Liebe, die es noch heute vermisst.
3. Keiner versteht so gut wie Sie, was Ihr junges Ich auf dem Foto wirklich braucht. Sie sind der Mensch, der diesem Kind heute am besten helfen kann, denn es lebt in Form von Gefühlen und Erinnerungen in Ihnen weiter.
4. Versprechen Sie Ihrem jungen Ich, dass Sie sich nun um es kümmern werden. In kleinen Schritten, aber stetig. Sie wissen, wenn Sie es nicht tun, wird es kein anderer tun.
5. Platzieren Sie das Foto an einem Ort, wo Sie es täglich sehen, um an Ihre Entscheidung erinnert zu werden.
6. Stellen Sie zu einem späteren Zeitpunkt fest, dass Sie das Thema Selbstliebe schleifen lassen, schauen Sie sich wieder das Foto an. Blicken Sie Ihrem jungen Ich tief in die Augen und erinnern Sie sich daran, dass Sie der Mensch sind, der Sie am besten lieben kann.

KAPITEL 2

Selbstliebe ist weder Egoismus noch Narzissmus

Eigentlich müsste es ja selbstverständlich sein, dass jeder Mensch sich selbst liebt. Eigentlich. In meiner täglichen Arbeit begegne ich jedoch andauernd Menschen, denen es gar nicht leichtfällt, sich selbst zu lieben. Der Gedanke, sich selbst zu lieben, löst ein unbehagliches Gefühl aus. Klar, die Argumente für Selbstliebe klingen einleuchtend, dennoch meldet sich ein innerer Widerstand. Wenn ich für Selbstliebe werbe, höre ich oft als Antwort: „Stimmt, ich muss wohl egoistischer werden." Im ersten Moment klingt das schlüssig. Bei genauerem Hinsehen wird aber deutlich, dass Egoismus echter Selbstliebe entgegensteht. Der innere Widerstand wird erzeugt, weil wir, zu Recht, nicht egoistisch sein wollen.

Selbstliebe hat mit Egoismus nichts zu tun. Egoisten sind Menschen, die auf den eigenen Nutzen bedacht sind und auf Kosten anderer leben. Es geht ihnen allein um sich selbst. Der andere ist nur Mittel zum Zweck. Sie beobachten ihre Umwelt scharf, immer auf der Lauer mit der Frage: „Wo kann ich etwas für mich bekommen?" Dem Egoisten ist es fremd, sich selbst hinzugeben. Zwar ist er in der Lage zu geben, oft sogar reichlich. Dabei ist er aber berechnend. Er weiß genau, welche Gegenleistung er für sein Geben einfordern wird. Er ist ein Meister darin, sein Gegenüber zu umgarnen und zu umwerben, gleichzeitig stellt er aber seine eigenen Spielregeln auf, die so funktionieren, dass er auf Kosten des anderen von der Beziehung profitiert. Ist es ihm gelungen, seine Spielregeln in die Beziehung einzuweben, kann er sein Gegenüber manipulieren und für seine Interessen ausnutzen.

Selbstliebe will weder manipulieren noch aussaugen. Wenn wir uns selbst lieben, müssen wir uns keine Leibeigenen heranziehen, die uns gefügig sind. Sondern wir wissen, was wir wollen, und gestehen das auch unserem Gegenüber zu. Wir setzen uns für unsere Anliegen ein und erwarten auch von anderen, für sich zu sorgen. Wenn wir Meinungsverschiedenheiten haben, können wir sie fair und offen klären. Wir sind nicht darauf angewiesen, dass andere durch ihre Unterwürfigkeit unser Selbstwertgefühl aufpolieren. Sondern wir erleben unseren Selbstwert, weil wir uns selbst als wertvolle Menschen anerkennen. Wir wissen um unsere Stärken und Vorzüge. Wir benötigen keinen, der uns Beifall klatscht.

Egoisten werden angetrieben durch das allgegenwärtige Gefühl, nicht genug zu haben. Sie sind permanent bedürftig. Es ist völlig egal, wie viel sie tatsächlich bekommen, es muss noch mehr sein. Egoisten sind immer hungrig.

Selbstliebe hingegen macht uns unabhängig. Wir sind nicht auf die Zuwendung anderer angewiesen. Als Selbstliebende erfahren wir aber beglückende Zuwendung, weil unsere liebevolle Art uns selbst und anderen gegenüber zu einem positiven Echo führt. Kommt es jedoch zu Meinungsverschiedenheiten, die sich nicht klären lassen, sind wir nicht auf die Bestätigung des anderen angewiesen. Selbst wenn sich ein riesiger Krach entwickeln sollte und wir als „Vollidiot" betitelt werden, ist das okay. Wir sind nicht von der Liebe unseres Kontrahenten abhängig. Wir kennen den Boden, auf dem wir stehen. Wir sind freie Menschen. Der andere muss nicht unsere Meinung teilen. Allerdings werden wir einen respektvollen Umgang einfordern.

Selbstliebende können nach einem Streit wieder zur Ruhe finden. Sie sorgen für sich und haben alles, was sie brauchen. Selbstverständlich laufen sie nicht ständig mit einem fröhlich verklärten Lächeln durch die Welt. Aber auch in schwierigen Lebenslagen wissen sie, dass sie sich auf sich selbst verlassen können und für jedes Problem früher oder später eine Lösung finden werden. Dazu benötigen sie die Hilfe von anderen, sind aber nicht von ihnen abhängig. Sie wählen dafür die Menschen, die ihnen wohlgesinnt sind und ihnen guttun. Ihre Beziehungen sind dadurch gekennzeichnet, dass sie der gegenseitige Respekt und die Anerkennung der individuellen Freiheit zusammenschweißen. Sie können sich auf ihre Freunde verlassen, weil sie sich auf sich selbst verlassen können.

Und immer diese Kränkungen …

Nicht nur Egoisten neigen dazu, rasch gekränkt zu sein, um ihr Gegenüber zu manipulieren. Eine leichte Kränkbarkeit ist ein weitverbreitetes Phänomen, wir dürfen uns da getrost einschließen.

In partnerschaftlichen Beziehungen ist es unmöglich, perfekt miteinander zu kommunizieren. Trotz gegenseitiger Aufmerksamkeit entstehen Missverständnisse. Wird das Bemühen, die Beziehung positiv zu gestalten, von dem anderen nicht wahrgenommen, entstehen Wut und Ärger als Ausdruck einer Kränkung.

Auch wenn Ihr Partner Ihre Anstrengungen nicht würdigt, reagieren Sie gelassen! Sie wissen, dass Sie sich um Gutes bemühen. Erhalten Sie nicht die gewünschte positive Rückmeldung, sprechen Sie Ihren Partner darauf an. Vielleicht war er in diesem Moment nur unaufmerksam, vielleicht beschäftigen ihn andere wichtige Dinge oder vielleicht sieht er Ihr Handeln in einem anderen Licht als Sie und bewertet es kritisch.

Wird Ihrem Bemühen Unverständnis entgegengebracht, reagieren Sie möglicherweise abermals gekränkt. Kritik ist aber auch etwas Wunderbares. Sie bietet Ihnen die Chance, Ihr Handeln und Ihre Motive zu hinterfragen und sich selbst besser zu verstehen.

Fühlen Sie sich gekränkt, besteht Ihre Aufgabe zunächst darin, sich Zeit zu nehmen und inneren Abstand aufzubauen. Haben Sie ausreichend Gelassenheit gewonnen, können Sie Ihr Handeln hinterfragen und gegebenenfalls positive Veränderungsschritte ableiten.

Werden Sie sich bewusst, dass die kritische Rückmeldung auf Missverständnissen beruht, können Sie klärende Gespräche führen. Dabei ist es nicht das Ziel, sich zu rechtfertigen oder um die vermeintliche Wahrheit zu streiten. Sondern Sie schildern Ihr Erleben, das nur Sie erleben und deshalb beim Namen nennen können. Und Sie hören Ihrem Partner zu und versuchen, seine Reaktion zu verstehen, wohlwissend, dass auch seine Wahrnehmung einzigartig ist. Damit legen Sie eine Grundlage, auf der Sie Spielregeln vereinbaren können, wie Sie in Zukunft miteinander umgehen wollen.

Auch im Arbeitsleben ärgern wir uns, wenn der Wert unserer individuellen Leistung nicht ausreichend gewürdigt wird. Haben wir den Eindruck, es interessiert sich keiner dafür, dass wir trotz erheblicher Schwierigkeiten gute Leistung erbringen, erleben wir das als kränkend. Mit Gleichgültigkeit behandelt zu werden ist sogar erniedrigender, als Ärger auf sich zu ziehen.

Zwischenmenschliche Beziehungen, in denen keine Kränkungen erlebt werden, existieren nicht. Es geht nicht darum, das Gefühl von Kränkung zu vermeiden, sondern konstruktiv mit ihm umzugehen, um es bald hinter sich lassen zu können. Ignoriert, missachtet oder entwertet zu werden ist ausgesprochen unangenehm. Verfügt man aber über ein ausreichendes Maß an Selbstliebe, kann man auf das Gefühl der Entwertung gelassen reagieren.

Lob tut gut. Bleibt aber Lob aus, loben wir uns selbst, weil wir wissen, dass wir wertvolle Arbeit leisten. Wir sind nicht von der

Anerkennung Dritter abhängig. Wir freuen uns über sie. Erhalten wir sie aber nicht, besinnen wir uns auf unsere Stärken. Wir kennen unsere Vorzüge und sehen unsere Leistung, Tag für Tag. Wir erkennen sie an, weil sie es wert ist. Dadurch werden wir vom positiven Feedback unseres Chefs unabhängig.

Fühlen Selbstliebende sich gekränkt, weil sie eine Rückmeldung als entwertend erleben, bedenken sie, dass ein Kritikpunkt keine Herabwürdigung ihrer Person ist, sondern ein bestimmtes Verhalten meint. Hören sie eine Kritik, können sie ihr Verhalten hinterfragen und gegebenenfalls verändern. Oder sie entlarven sie als unbegründet.

Erleben sie ein Verhalten als entwertend, ohne dass es um eine Kritik geht, können Selbstliebende auf innere Distanz gehen. Offenbar hat derjenige, der ihnen in herablassender Art versteckt aggressiv gegenübertritt, ein Problem mit ihnen. Das ist aber sein Problem, nicht ihres. Stehen sie in keiner Abhängigkeit zu ihm, können sie sein Verhalten gelassen zur Kenntnis nehmen. Sind sie aber von ihm abhängig, weil es zum Beispiel ihr Vorgesetzter ist, werden sie die Situation ansprechen und eine Klärung einfordern.

Spürt man aufgrund einer Kränkbarkeit, dass irgendetwas in einem System, also beispielsweise in einem Team, schiefläuft, dann ist sie eine große Hilfe. Sie treibt einen an, genauer hinzuschauen und Störungen frühzeitig zu erkennen. Wenn uns bei der Arbeit eine latent gereizte Stimmung entgegenschlägt, können wir Kollegen und Mitarbeiter ansprechen und nach den Ursachen forschen. Dadurch lassen sich Veränderungen herbeiführen, bevor es zu einem Riesenkrach kommt. Unsere Kränkbarkeit dient uns als wertvolle Hilfe, um frühzeitig für uns selbst zu sorgen.

Wenn Kränkbarkeit ausufert – die narzisstische Störung

Eine übermäßig ausgeprägte Kränkbarkeit kann allerdings zu einem ernsthaften Problem werden. Manche Menschen fühlen sich ständig angegriffen, auch wenn neutrale Beobachter das nicht nachvollziehen können. Die Betroffenen sind andauernd damit beschäftigt, vermeintliche Angriffe abzuwehren. Das führt dazu, dass sie sowohl versuchen, die Menschen in ihrer Umgebung zu kontrollieren, als auch, befürchtete Angriffe auf ihre Person durch heftige Gegenattacken von Anfang an zu unterbinden. In der Fachsprache ist dann von einer narzisstischen Störung die Rede.

Gesunde Selbstliebe unterscheidet sich deutlich von der narzisstischen Störung. Denn tatsächlich basiert Letztere auf einem Mangel an Selbstliebe, weshalb die Betroffenen ständig nach äußerer Bestätigung suchen und empfindlich reagieren, wenn ihnen nicht gehuldigt wird. Ihr Wesen wird von ihrer Verletzlichkeit durchdrungen.

Der Selbstliebende hat aber ein entspanntes Verhältnis zu seinen Schwächen. Und wird eine seiner Schwächen angesprochen, reagiert er gelassen. Er kennt sich schließlich und hört nichts Neues. Sollte es sich um etwas handeln, das noch nicht erkannt ist, fällt dem Selbstliebenden kein Zacken aus der Krone, wenn er sich an diesem Punkt infrage stellt und gegebenenfalls etwas verändert. Allerdings muss er sich nicht rechtfertigen.

Narzissmus – ein unverzichtbares Kraftwerk

Ein hohes Maß an Kränkbarkeit, auch als Narzissmus bezeichnet, kann aber auch in beeindruckender Weise fruchtbringend sein. Wir können Narzissmus als Motor nutzen, weil wir etwas

Gutes aufbauen wollen. Dann kann er geradezu zu einem Kraftwerk mutieren, das unerschöpflich Energie liefert. Während andere Menschen ihre Ziele aufgeben, nur weil sie wiederholt auf Widerstand stoßen, geraten Menschen mit einer gehörigen Portion Narzissmus dann erst richtig in Fahrt. Sie bündeln ihre Kräfte und kämpfen und kämpfen.

Menschen, die etwas entdecken und entwickeln, die neue Ideen vorantreiben, die die Motivation haben, erforderliche Veränderungen durch- und umzusetzen, verfügen über dieses Kraftwerk. Erfolgreiche Anwälte, Chefärzte, Politiker, Unternehmensführer nutzen ihren Narzissmus als Antrieb, um ihre Arbeit optimal zu gestalten.

Nehmen wir exemplarisch einen Politiker: Wenn er einen Vorstoß wagt, weil er zum Beispiel ein neues Gesetz gestalten will, kann er sicher sein, dass er anschließend in der Öffentlichkeit heftig kritisiert wird. Er wird es nie allen recht machen können. Den einen ist das Gesetz zu liberal, die anderen kritisieren die soziale Härte. Wenn man als Politiker im ganzen Land auf unterschiedlichste Weise kritisiert wird, muss man ein enormes „Standing", also Durchhaltevermögen und Dickhäutigkeit, besitzen. Der (unbewusste) Gedankengang, der den Politiker durchhalten lässt, könnte stark vereinfacht folgendermaßen lauten: „Früher habe ich nicht bekommen, was mir zustand. Ich habe Ungerechtigkeit am eigenen Leib erfahren. Heute zeige ich der ganzen Welt, dass ich für Gerechtigkeit kämpfe. Ich werde mich durchbeißen!" Kränkungen aus der Vergangenheit können ein unglaublich starker Antrieb sein, ausgewählte Ziele hartnäckig zu verfolgen. Mit dem gegenwärtigen Kampf für ein gerechtes Gesetz soll eine frühere, persönlich erlebte Ungerechtigkeit ausgeglichen werden. Die Welt soll verbessert werden. Durch seinen Narzissmus gelingt es dem Politiker, fest zu seiner Meinung zu stehen. Er hat schon früh gelernt, dass er sich nur auf sich selbst verlassen kann. Kritik kann er an sich abperlen lassen wie Wasser auf der Butter. Darin liegt seine Stärke. Schließlich kennt er die Vor- und Nachteile seines Gesetzesentwurfs, und er wird nicht müde, für diesen zu kämpfen.

Sofern Sie für sich selbst noch nicht in Anspruch nehmen können, für Ihre Überzeugungen quer durchs Land zu reisen und diese zu verkünden, sondern es Ihnen vielmehr schwerfällt, Kränkungen ertragen zu können, sind die folgenden Ratschläge für Sie gedacht.

Viele Menschen mit einer erhöhten Kränkbarkeit wünschen sich, eine „dickere Haut" zu bekommen, also unempfindlicher gegen kritische Reaktionen zu werden. Diese Möglichkeit habe ich leider nicht im Angebot. Empfindsame Menschen kann man nicht weniger empfindsam machen. Aber sie können lernen, mit ihrer Empfindsamkeit umzugehen, sie sogar zu ihrem Vorteil zu nutzen. Dann wird sie sich zu einem wertvollen Schatz entwickeln.

Ziel der folgenden Gedankengänge und des Praxistipps ist es, nach der Auseinandersetzung mit der Kränkbarkeit zu mehr innerer Gelassenheit zu finden.

Eine erhöhte Kränkbarkeit ist in der Regel auf Erlebnisse in Kindheit und Jugend zurückzuführen. Als Kinder sind wir auf die Fürsorge Erwachsener angewiesen. Manche Erwachsene nutzen ihre Übermacht gegenüber Kindern schamlos aus. Das kann tiefe Spuren hinterlassen.

Vergegenwärtigen Sie sich, dass Sie heute erwachsen sind.

Sprechen Sie sich selbst regelmäßig folgende Wahrheit vor: „Ich bin erwachsen, ich kann mich wehren, wenn mir jemand etwas will. Ich werde es niemals zulassen, dass ich von schlechten Menschen abhängig werde. Ich sorge für mich." Üben Sie diesen Satz jeden Tag fünf Mal und spüren Sie nach, welche positiven Gefühle er auslöst. Machen Sie ihn zu einem inneren Glaubenssatz. Damit ist eine innere Grundüberzeugung gemeint, die sich prägend auf Ihr Selbstbild auswirkt. Mit diesem Satz verlassen

Sie die Opferposition und bestimmen selbst, was in Ihrem Leben geschieht.

Sind Sie in einer Situation, in der Sie sich durch eine Kritik gekränkt fühlen, versuchen Sie, äußerlich gelassen zu reagieren. Nehmen Sie sich Zeit, um zu überprüfen, ob Ihr Gegenüber Sie tatsächlich verletzen will oder ob er nur bestimmte Anteile, zum Beispiel ein bestimmtes Verhalten, meint, das er kritisch betrachtet. Reflektieren Sie die genannte Situation und prüfen Sie den sachlichen Inhalt. Fragen Sie einen Dritten, der die Situation miterlebt hat, wie er sie empfunden hat. Bringen Sie den Mut auf, den Betreffenden konkret darauf anzusprechen, und fragen Sie nach (bitte in freundlichem Ton), wie er das Gesagte gemeint hat. Vielleicht hören Sie eine sachliche Kritik. Es ist aber auch möglich, dass es nur eine flapsige Bemerkung war, ohne dass Ihr Gegenüber eine böse Absicht damit verfolgt hat.

Bekommen Sie tatsächlich eine gezielte Kritik zu hören, vergegenwärtigen Sie sich, dass eine bestimmte Verhaltensweise und nicht Ihre Person als Ganzes gemeint ist. Sie haben noch unzählige andere Verhaltensmuster und Persönlichkeitsanteile, die okay sind. Aber an diesem einen Punkt sollten Sie sich selbst kritisch betrachten. Ein Teil der Kritik wird eventuell unpassend sein. Sie werden aber wahrscheinlich auch etwas finden, das Sie besser machen können (was ja der Zweck von Kritik ist). Verändern Sie Ihr Verhalten, womit die geübte Kritik gegenstandslos wird.

Begegnen Sie einem Menschen, der Sie tatsächlich als ganze Person entwertet (zum Beispiel: „Du bist einfach nur unfähig!"), und es gelingt nicht, ihn zu einer Veränderung seines Verhaltens zu bewegen, dann gehen Sie ihm aus dem Weg. Es gibt bösartige Menschen, verbannen Sie sie aus Ihrem Leben! Ist das nicht möglich, weil es beispielsweise Ihr Chef ist, gehen Sie nur in die notwendigen Kontakte und versuchen Sie, sie kurz und sachlich zu gestalten. Und fangen Sie an, Bewerbungen zu schreiben.

Stellen Sie Ihre leichte Kränkbarkeit in ein positives Licht.

Nennen Sie sie Empfindsamkeit. Empfindsame Menschen haben viele Vorteile. Sie verfügen über ein Radar, das feinste Störungen registriert. Sie spüren mögliche Angriffe sehr früh und können Konflikte schon dann ansprechen, wenn der andere noch gar nicht gemerkt hat, dass es ein Problem gibt. Im beruflichen Kontext können empfindsame Menschen komplexe Abläufe gut steuern, da sie genau spüren, wo und wann Widerstände auftreten, auf die sie dann frühzeitig reagieren. Ihr Radar ist unglaublich wertvoll! Nutzen Sie Ihre Feinfühligkeit, um Störungen anzusprechen und liebevoll mit anderen Menschen umzugehen!

Rührt Ihr Gefühl der Kränkung nicht von einer gezielten Kritik, sondern daher, dass Sie keine ausreichende Anerkennung und Wertschätzung erhalten, finden Sie Antworten in den Kapiteln *11. Selbstbestimmung ist ein Schlüssel zum Glück* und *12. Eigenverantwortlichkeit, die Basis der Selbstliebe.*

Praxistipp

Die eigene Kränkbarkeit nutzen

1. Sprechen Sie sich regelmäßig den inneren Glaubenssatz vor: „Ich bin erwachsen, ich kann mich wehren, wenn mir jemand etwas will. Ich werde es niemals zulassen, dass ich von schlechten Menschen abhängig werde. Ich sorge für mich."
2. Fühlen Sie sich durch eine Kritik gekränkt, reflektieren Sie die Situation und prüfen Sie den sachlichen Inhalt.
3. Verändern Sie Ihr Verhalten, wenn die Kritik gerechtfertigt war.
4. Gehen Sie Menschen, die Sie tatsächlich als ganze Person entwerten, aus dem Weg oder reduzieren Sie Kontakte auf ein Minimum.
5. Nutzen Sie Ihre Empfindsamkeit als wertvolles Radar für feinste Störungen, um frühzeitig reagieren zu können.

KAPITEL 3

Was ist Selbstliebe?

Die narzisstische Störung nährt sich aus einem Defiziterleben: „Ich habe nicht genug bekommen. Ich habe nicht genug Liebe und Anerkennung erlebt, deshalb muss ich ständig darum kämpfen." Selbstliebe hingegen beruht auf einer bedingungslosen Annahme unseres Selbst: „Es ist gut, dass ich bin. Ich nehme mich an, wie ich bin. Ich umarme meine Stärken und Schwächen, alles an mir ist liebenswert." In der Selbstliebe kommen wir zur Ruhe. Wir stehen nicht andauernd unter Strom, weil wir meinen, zu kurz zu kommen, sondern wir sind gelassen, weil wir wissen, dass wir alles haben, was wir benötigen. Wir müssen nicht ständig etwas leisten oder unseren Wert erarbeiten, sondern wir erkennen uns als wertvolle Menschen vorbehaltlos an.

Selbstliebe bedeutet, die eigenen Gedanken, Wünsche, Bedürfnisse, Sehnsüchte, Gefühle, Ängste, Sorgen – und was man sonst noch in sich trägt – wahr- und ernst zu nehmen. Man respektiert sich selbst als einen Menschen, der wertvoll ist und dessen Anliegen genauso viel wert sind wie die eines jeden anderen.

Als Faustregel kann für die Nächstenliebe gelten, dass es Liebe ist, wenn es Gegenliebe erzeugt. Unser Handeln erfreut unseren Nächsten und erzeugt in ihm den Wunsch, sich uns gegenüber ebenso zu verhalten.

Selbstliebe bedeutet nichts anderes. Wir verhalten uns uns selbst gegenüber so, dass wir glücklicher werden. Wir achten unsere Wünsche und arbeiten an ihrer Erfüllung. Wir kennen unsere Bedürfnisse und gestalten unser Leben so, dass wir ihnen gerecht werden. Wir freuen uns jeden Tag, dass es uns gibt.

Manchmal tut man sich mit dem Gedanken an Selbstliebe schwer, weil man meint, nichts Besonderes, vielleicht nicht einmal liebenswert zu sein. Aber Sie sind es, Sie sind tatsächlich liebenswert. Um das besser zu verstehen, betrachten wir einmal die bedingungslose Liebe und die Liebe für Leistung.

Bedingungslose Liebe

Gerald: Voraussetzungslose Liebe

Als Geralds Sohn gerade laufen gelernt hat und anfängt zu sprechen, kommt Gerald abends von der Arbeit nach Hause. Er schließt die Wohnungstür auf und erblickt seinen Sohn, der gerade im Flur spielt. Sein Gesicht zeigt ein breites Lachen, als er aus tiefstem Herzen „Papa!" ausstößt. Es kommt ihm vor, als habe er seinen Papa eine Ewigkeit nicht mehr gesehen. Umso mehr freut er sich, dass er wieder da ist. Auch Gerald ist überaus glücklich, seinen Sohn endlich wieder in die Arme zu schließen. Beide freuen sich, einander zu haben. Keiner von beiden muss irgendetwas leisten, vorweisen oder sonst etwas tun. Es ist einfach nur schön, wieder zusammen zu sein und sich aneinander zu erfreuen.

Wenn ein Baby geboren wird, kann es nichts außer schreien, trinken, die Windeln vollmachen und schlafen. Trotzdem sind Mama, Papa, Oma und Opa und alle anderen überaus glücklich, dass das kleine Wesen das Licht dieser Welt erblickt hat! Alle lieben ihr Baby. Warum, es hat doch nichts zu bieten? Weil es ein Mensch ist, weil wir das Wunder des menschlichen Daseins in diesem kleinen Wesen ein bisschen mehr verstehen. Wir lieben unser Baby, einfach weil es da ist. Es muss uns nichts geben und uns nicht von seiner Liebenswürdigkeit überzeugen. Es muss sich seine Liebe nicht erst verdienen. Seine Existenz an sich ist Grund genug, unser Baby zu lieben. Es ist da, und das macht uns überglücklich. Das ist bedingungslose Liebe.

Wenn in unserer Erziehung einiges richtig gelaufen ist, dann haben wir bedingungslose Liebe von dem Moment an erfahren, als wir das Licht der Welt erblickten. Wenn wir als Kinder Unfug angestellt haben, haben unsere Eltern vielleicht mit uns geschimpft, aber sie haben nie infrage gestellt, dass wir ihr geliebtes Kind sind. Wenn wir uns in der Pubertät heftig mit unseren Eltern gestritten haben, so haben sie nie einen Zweifel daran aufkommen lassen, dass sie trotz aller Streitereien zu uns halten und unser Bestes wollen. Auch als Erwachsene erleben wir, dass sie hinter uns stehen und uns unterstützen, sofern es in ihrer Macht steht. Weil wir diese Liebe erfahren haben und sie uns geprägt hat, geben wir sie an unseren Partner und unsere Kinder uneingeschränkt weiter.

Dadurch, dass man Tag für Tag die positive und vorbehaltlose Zuwendung seiner Eltern spürt, gelangt man zu der bis in die tiefsten Regionen seiner Seele reichenden Erkenntnis, dass man wichtig und wertvoll ist. Weil man als Kind und Jugendlicher bedingungslose Liebe gespürt hat, entwickelt man Selbstwert. Unbewusst läuft ein Gedankengang, der zu einer Selbstüberzeugung wird, so ab: „Wenn Papa mir immer wieder sagt, dass er stolz auf mich ist, dann bin ich wohl tatsächlich ein toller Kerl! Wenn Mama mir sagt, dass sie mich lieb hat, dann bin ich wirklich liebenswert!“ Das ist ein Prozess, der ganz automatisch abläuft. Eigentlich.

Doch wenn das bei Ihnen und mir ohne Störung so abgelaufen wäre, würden Sie dieses Buch wahrscheinlich nicht lesen, weil Sie das Thema nicht berühren würde. Und ich hätte dieses Buch nie geschrieben, weil das alles für mich keine Frage wäre. Offenbar haben wir es anders erlebt. Das ist aber nicht schlimm. Oder kennen Sie jemanden, der behaupten könnte, seine Eltern hätten immer alles richtig gemacht? Perfekte Eltern existieren nicht. Wir alle haben unsere Lasten zu tragen. Jeder hat in seiner Kindheit und Jugend etwas vermisst. Die Aufgabe des Erwachsenen liegt darin, sich das, was seine Eltern ihm nicht geben konnten, an anderer Stelle zu beschaffen. Bezogen auf die bedingungslose Liebe bedeutet das, dass wir uns Liebe in einer Form schenken, wie wir sie bei unseren Eltern nicht erfahren, nach der wir uns aber immer gesehnt haben.

Das Bild des geliebten Säuglings ist so wichtig, damit Sie eine Vorstellung aufbauen können, wie bedingungslose Selbstliebe möglich wird. Genau so, wie wir einen Säugling bedingungslos lieben, können wir auch uns selbst annehmen. Wenn wir später den Kreislauf der Selbstliebe betrachten, werden Selbstannahme und Selbstrespekt zentrale Bestandteile sein.

Liebe für Leistung

Wir haben gesehen, wie ein kleines Kind bedingungslose Liebe erfährt. Von ebenso großer Bedeutung ist die Liebe für das, was wir leisten. Auch diese Form der Liebe wird uns sehr früh zuteil. Ein paar Monate nach der Geburt fängt ein Baby an zu lächeln. Mama und Papa sind dann unglaublich glücklich und verbringen viel Zeit damit, vor seinem Gesicht Grimassen zu schneiden, um ihm wieder das wunderbare, zahnlose Lächeln zu entlocken. Fängt ihr Baby einige Zeit später an zu robben und beginnt es danach allmählich, sich zum Stehen hochzuziehen, wird es bei jedem Entwicklungsschritt von seinen Eltern durch aufmunternde Zurufe und viel Lob unterstützt. Das kleine Kind merkt: Wenn es etwas leistet oder lernt, wird es durch die liebevolle Zuwendung seiner Eltern bestätigt.

Laufen Kindheit und Jugend ohne größere Störungen ab, wird das Kind für gute Schulnoten belohnt und für sportliche Leistungen gelobt, und in jugendlichem Alter wird dem Teenager signalisiert, dass die Eltern seine Hilfe im Haushalt oder in anderen Bereichen sehr schätzen. Auf diese Anerkennung sind

Kinder und Jugendliche angewiesen. Sie tut unglaublich gut und hilft, ein stabiles Selbstbewusstsein zu entwickeln. Wenn sie dann später als Erwachsene in ein selbstständiges Leben starten, wissen sie, was sie können. Sie sind stolz auf ihre Leistungen. Sie treten selbstbewusst auf. Sie freuen sich über ein Lob, sind aber nicht darauf angewiesen.

Als Menschen wollen wir etwas aufbauen, schöpferisch tätig sein. Jedes Lebewesen will Nachwuchs erzeugen. Das ist unser Programm, so sind wir gemacht. Wir bauen Häuser, treten für den Weltfrieden ein und kaufen Biobananen, damit unsere Kinder in eine möglichst gute Welt starten können.

Menschen wollen arbeiten. Arbeitslose leiden darunter, dass sie nicht arbeiten können. Es liegt in unserer Natur, etwas zu schaffen, etwas aufzubauen, um am Ende des Tages mit stolzer Brust sagen zu können: „Das habe ich heute hervorgebracht!"

Bezogen auf Selbstliebe bedeutet das, dass es in unserer Natur liegt, für uns zu sorgen. Wir wollen etwas leisten, wir wollen uns Gutes tun. Zu oft nehmen wir aber nicht genügend Rücksicht auf uns. Wir arbeiten 60 Stunden die Woche, obwohl wir wissen, dass es unserer Gesundheit schadet. Wir ernähren uns schlecht und achten nicht auf unser Gewicht, obwohl wir uns das anders vorgenommen haben.

Je mehr wir uns selbst lieben, desto wichtiger werden wir uns. Wir leisten etwas für uns. Wir achten auf unsere Gesundheit und auf unser Wohlbefinden. Wenn wir uns Ziele gesteckt haben, dann verfolgen wir sie. Wir wissen, dass wir etwas können. Die Bewunderung unserer Eltern steckt tief in uns, und deswegen handeln wir so, wie es für uns gut ist. Und haben uns unsere Eltern nicht bewundert, so fangen wir heute an, unsere Leistung selbst zu loben und sie zu bewundern.

Wenn Sie nur mit offenen Augen danach suchen, was Sie schon Positives geleistet haben, werden Sie einiges finden, das Sie auf Ihrer Habenseite verbuchen können. Trotz vielleicht auch gravierender Fehler haben Sie gute Seiten und Leistungen vollbracht, auf die Sie stolz sein können. Jeder findet etwas. Auch wenn das keiner registriert hat, wenn Sie es wahrnehmen, sollten Sie sich selbst ruhig auf die Schulter klopfen und sich loben.

KAPITEL 4

Eine Entscheidung gegen Selbstliebe hat auch Vorteile

Vielen meiner Klienten in der alltäglichen Arbeit in einer psychiatrischen Klinik sind diese Gedanken fern. Sie sind von klein auf darauf getrimmt worden, sich daran zu orientieren, was „man" macht. Man geht jeden Sonntag auf den Friedhof oder in die Kirche. Man muss jede Woche Fenster putzen. Man hat immer höflich und nett zu sein. Die eigenen Anliegen sind zurückzustecken beziehungsweise unwichtig. Die gesellschaftliche Norm ist wichtiger als das individuelle Bedürfnis. Wobei diese Normen häufig schwer greifbar und kaum definierbar sind. Es geht nicht um die Frage, ob etwas sinnvoll und gut ist, sondern darum, ob man das so macht. Was oder wer dieses „man" ist, bleibt verborgen und hat deswegen auch etwas Willkürliches an sich. Immer schön brav, nett und freundlich sein. „Pass dich an, nimm dich zurück und halt die Klappe!"

Viele Menschen haben sich mit diesem System arrangiert. Sie halten sich für unwichtig. Auszubrechen würde bedeuten, sich gegen äußere Widerstände durchzusetzen, in Auseinandersetzungen zu gehen und die eigene Meinung klar und deutlich zu vertreten. Wenn Menschen in Anbetracht dieser Herausforderungen nicht bereit sind, sich für Selbstliebe zu entscheiden, ist das zu respektieren. Sie werden ihre triftigen Gründe haben.

Manche meiner Patienten entwickeln im Verlauf der Behandlung die Einsicht, dass ihre Partnerschaft eine erhebliche Belastung darstellt. Grundsätzlich bin ich kein Freund der Haltung, dass man sich trennen sollte, wenn es in einer Partnerschaft kriselt. Eine Krise ist in aller Regel eine große Chance. Aber ab einem bestimmten Punkt sollte eine Partnerschaft schon infrage gestellt werden, und zwar dann, wenn ein Partner keine Bereitschaft für Veränderungen erkennen lässt.

In einem Gespräch mit dem Ehemann einer Alkoholikerin könnte sich das so anhören: „Nicht ich habe das Problem, sondern meine Frau. Also muss nicht ich etwas verändern, sondern meine Frau. Sie soll jetzt gesund werden, dann kann alles so weiterlaufen wie bisher." Der Ehemann blendet völlig aus, dass seine Frau trinkt, weil sie in der Ehe *mit ihm* unglücklich ist.

Entscheidet sich die Frau, das gemeinsame Leben fortzusetzen, obwohl sie unter der Ehe leidet, ist das zu respektieren. Möglicherweise hat sie so viel Angst vor dem Alleinsein, dass sie lieber in einer schlechten Beziehung lebt als in keiner.

Für mich selbst wäre ein Eheleben unter solchen Bedingungen unerträglich. Doch die Motive für Entscheidungen sind so vielfältig, wie Menschen unterschiedlich sind. Ich respektiere immer die Entscheidung des Einzelnen, auch wenn ich sie anders treffen würde. Wir alle leben nur unser eigenes Leben und können nur für uns entscheiden.

Auch für Menschen, die aus unterschiedlichsten Gründen das Krankheitsbild einer Depression entwickelt haben, kann das Thema Selbstliebe unangenehm werden, obwohl sie unter Lustlosigkeit, Antriebslosigkeit und Freudlosigkeit leiden. Denn die Krankheit kann für den Betroffenen auch Vorteile haben. Die anderen kümmern sich um ihn, er wird umsorgt, erhält Besuch und muss nur das Nötigste machen. Durch seine Hilflosigkeit entwickelt er sogar eine gewisse Macht, weil sich die anderen ja um ihn sorgen müssen. Das kann sehr angenehm sein. In der Fachsprache spricht man dann von sekundärem Krankheitsgewinn.

In einer solchen Situation wird die Frage nach eigenen Wünschen und Bedürfnissen geradezu bedrohlich. Hat es der Betroffene durch seine Krankheit doch schließlich geschafft, wieder Liebe und Aufmerksamkeit auf sich zu ziehen. Er läuft Gefahr, diese Zuwendung zu verlieren, sollte er gesund werden und an Selbstständigkeit und Autonomie gewinnen. An diesem Punkt schließt sich ein Teufelskreis. Die Entwicklung von Selbstliebe würde zur Heilung führen, womit alle Vorteile der Erkrankung verloren gingen.

Ich möchte an dieser Stelle betonen, dass ich depressiven Menschen nicht unterstelle, sich bewusst so zu verhalten. Es handelt sich um eine Krankheit, die unter anderem mit ausgeprägter Angst vor Eigenverantwortlichkeit einhergehen kann. Hier ist es Aufgabe der Therapeuten, diese Angst mit viel Unterstützung schrittweise abzubauen.

Es ist also keinesfalls ein Automatismus, dass wir uns selbst lieben. Konsequente Selbstliebe kann auch verunsichernd wirken.

Eine Entscheidung von Bestand will sorgfältig abgewogen sein

Es hat also nicht nur Vorteile, sich selbst zu lieben. Deshalb spreche ich auch von einer „Entscheidung". Eine Entscheidung beinhaltet immer das Abwägen der Vor- und Nachteile. Gäbe es ausschließlich Vorteile, wäre es keine Entscheidung, sondern eine Selbstverständlichkeit.

Entscheidet sich der Kranke dafür, Verantwortung für sich zu übernehmen und dadurch einen Genesungsprozess einzuleiten, opfert er dafür die Macht, die ihm seine Hilflosigkeit bislang verliehen hat. Schließlich hat ihm seine Hilfsbedürftigkeit ermöglicht, die Menschen um ihn herum zu dirigieren, für seine Interessen einzusetzen und Mitleid und emotionale Zuwendung auf sich zu ziehen.

Alle Menschen sehnen sich nach Liebe. Viele haben aber durchaus ihre Schwierigkeiten damit, Liebe zuzulassen. Liebe ist immer mit menschlicher Nähe verbunden. Zu viel Nähe kann aber auch als Bedrohung erlebt werden. Insbesondere dann, wenn sie früher missbrauchendes und verletzendes Verhalten erlebt haben von wichtigen Personen, die sie eigentlich hätten schützen sollen. Deshalb entscheiden sie sich gegen enge und intime Beziehungen, um neuen Verletzungen vorzubeugen. In der Folge werden sie trotz ihrer tiefen Sehnsucht keine wahre Liebe mehr empfangen, weil sie zu viel Angst vor der damit verbundenen Nähe haben. Viele sind so schwer enttäuscht worden, dass sie diesen Preis in Kauf nehmen.

Wenn Sie solche Erfahrungen in Ihrem Leben gemacht haben, bedeutet die Entscheidung, sich selbst zu lieben, einen großen Schritt. Einerseits kennen Sie sich und wissen, dass Sie sich vertrauen können, andererseits kann die Aufmerksamkeit, die Sie sich dann schenken, verunsichernd und unbehaglich wirken und die Erinnerungen an frühere seelische Verletzungen wieder wach werden lassen. Wenn Sie sich entscheiden, sich selbst zu lieben, werden Sie sich mit diesen Erinnerungen, die tief in Ihnen schlummern, auseinandersetzen müssen.

Aber dieser Preis ist es wert! Sie sind ein fantastischer Mensch. Mit den Lasten von früher können Sie umgehen lernen. Das neue Leben der Selbstliebe, in das Sie eintreten, lohnt diese Mühen!

Selbstliebe führt zu mehr Eigenverantwortung, was wiederum dazu führen kann, dass wir bestimmte Hilfestellungen nicht mehr in Anspruch nehmen. Dadurch gewinnen wir an Unabhängigkeit. Aber auch Fürsorge werden wir weniger empfangen. Doch wir benötigen sie nicht mehr. Wir können nun auf uns bauen. Wir sorgen für uns. Wir nehmen auf uns Rücksicht.

In jedem Fall verfügen wir über Freiheit. Die Freiheit, uns wie auch immer zu entscheiden. Wir sind keine Opfer, sondern bestimmen über uns selbst!

Stellt man sich der Frage nach Selbstliebe, ist es wichtig, sich selbst gegenüber ergebnisoffen zu bleiben. Es ist wunderbar, sich an jedem Ort, zu jeder Zeit und in nur einem Moment für Selbstliebe entscheiden und eine einmal getroffene Entscheidung später immer wieder bekräftigen zu können. Es sollte aber keine leichtfertige Entscheidung, sondern eine wohlüberlegte sein. Auch wenn Sie an dem Thema Selbstliebe nicht weiterarbeiten wollen, ist das in Ordnung. In jedem Fall ist es von Vorteil, wenn Sie das Für und Wider sorgfältig abwägen.

Für Menschen, denen es schwerfällt, sich zu entscheiden, weil sie sich in einem Zwiespalt befinden, hat die Psychotherapie eine einfache Hilfestellung entwickelt, mit der sie sich über ihre Motive Klarheit verschaffen können. Es handelt sich um das „Entscheidungsquadrat". Es besteht aus vier Feldern und sieht bezogen auf unsere Fragestellung so aus:

	Dafür	Dagegen
Entscheidung für Selbstliebe	Feld 1 1. ____ 2. ____ 3. ____	Feld 2 1. ____ 2. ____ 3. ____
Es soll bleiben, wie es ist (Entscheidung gegen Selbstliebe)	Feld 3 1. ____ 2. ____ 3. ____	Feld 4 1. ____ 2. ____ 3. ____

In Feld 1 sammeln Sie Punkte, die dafür sprechen, dass Sie sich für Selbstliebe entscheiden. Sie werden in diesem Buch noch von vielen Vorteilen lesen, beispielhaft seien hier einige genannt:

- Mehr Freude
- Mehr Selbstbewusstsein
- Mehr Selbstsicherheit
- Mehr Achtsamkeit
- Freiheit von der Anerkennung Dritter
- Sich selbst als besten Freund entdecken

In Feld 2 notieren Sie Gründe, die gegen eine Entscheidung für Selbstliebe sprechen. Möglich wären:

- Angst vor Veränderungen, die zu Verunsicherung führen und Mühe machen
- Angst vor Konflikten, die entstehen, wenn man anfängt, eine eigene Meinung zu vertreten
- Angst davor, seelische Verletzungen zu spüren, wenn man anfängt, sich selbst wahr- und ernst zu nehmen
- Angst davor, Nein zu sagen und sich abzugrenzen, wenn es nützlich wäre
- Angst vor der Konsequenz, sich aus schädlichen Beziehungen zu verabschieden
- Angst davor, nicht mehr den Weg des geringsten Widerstands gehen zu können

In Feld 3 notieren Sie alle Argumente, die dafür sprechen, dass alles so bleiben soll, wie es ist, etwa:

- Es ist der bequemste Weg und gibt Ihnen Sicherheit, weil Sie genau wissen, was Sie erwartet.
- Es muss keine Kraft für Veränderung aufgebracht werden.

- Wenn Sie nicht anfangen, eigene Standpunkte zu vertreten, kann die bisherige „Harmonie“ und Ordnung bleiben, wie sie ist.

In Feld 4 sammeln Sie Aspekte, die dagegen sprechen, dass es so bleiben soll, wie es ist, etwa:

- Unzufriedenheit mit Ihrer Lebenssituation
- Sie haben es satt, sich unterzuordnen und den Kürzeren zu ziehen.
- Sie spüren, dass Sie mehr aus Ihrem Leben machen können.
- Sie haben die Hoffnung, in Ihrem Leben bedingungslose Liebe und Geborgenheit erfahren zu können.

Feld 1 und 4 sprechen für die Entscheidung für Selbstliebe und Feld 2 und 3 dagegen. Doch in Feld 1 schauen wir in die Zukunft und notieren, was wir von einer Entscheidung Positives erwarten. In Feld 4 betrachten wir unsere gegenwärtige Situation und sammeln, was uns an ihr stört. Die zwei verschiedenen Blickwinkel fördern unterschiedliche Aspekte zutage. Die vier Felder ermöglichen es uns also, alle Vor- und Nachteile umfassend abzuwägen.

Im nächsten Schritt werden die Inhalte der Felder 1 und 4 zusammengefügt, genauso wie die der Felder 2 und 3. Jetzt verfügen Sie über eine detaillierte Auflistung des Für und Wider einer Entscheidung für Selbstliebe. So können Sie sich vergegenwärtigen, wo Sie stehen und welche Konsequenzen der eine oder andere Schritt haben wird.

Allerdings trifft man auch eine Entscheidung, wenn man keine Entscheidung trifft. Mit jedem Tag, an dem man sich für nichts

Neues entscheidet, trifft man die Entscheidung, dass es bleibt, wie es ist. Man kann sich also nicht nicht entscheiden.

Der Weg der Liebe zu sich selbst beginnt immer mit einer Entscheidung. Wahrscheinlich haben Sie sich in gewisser Weise schon entschieden, sonst würden Sie nicht dieses Buch lesen. Damit die Entscheidung für Selbstliebe aber kein Strohfeuer bleibt, ist die Auseinandersetzung insbesondere auch mit den Argumenten, die gegen eine Veränderung sprechen, sehr wichtig. Sonst kann es passieren, dass Sie nach einem berauschenden Start auf Widerstände treffen, die Sie überraschen und entmutigen. Deshalb brauchen Sie eine umfassende Vorstellung davon, worauf Sie sich einlassen.

Vielleicht sind Sie gegenwärtig auch noch nicht so weit, eine Entscheidung zu fällen. Insofern kann es durchaus von Vorteil sein, auf diese Frage zu einem späteren Zeitpunkt zurückzukommen.

Sind Sie schon jetzt bereit, eine Entscheidung zu treffen, beherzigen Sie folgende Ratschläge:

Bearbeiten Sie das Entscheidungsquadrat. Tun Sie es auf jeden Fall schriftlich, am besten mit einem Tagebuch. Das Ausfüllen des Entscheidungsquadrats sollte sich etwa über eine Woche erstrecken. Auch wenn Sie denken, dass schon alles notiert ist, werden Sie sehen, dass ein neuer Tag auch neue Gedanken bringt. Es geht hier um die wichtigste Entscheidung Ihres Lebens, deshalb lohnt sich die Sorgfalt!

Der Begriff „Selbstliebe" ist sehr umfassend. Wenn Sie das Gefühl haben, dass Ihnen zu viel durch den Kopf geht, versuchen Sie, unterschiedliche Bereiche voneinander zu trennen. Vielleicht sollten Sie sich erst mit einem bestimmten Lebensbereich befassen, in dem Sie sich Veränderungen wünschen, und zu einem späteren Zeitpunkt weitere hinzunehmen.

Wenn Sie alle Argumente pro und contra gesammelt haben, kann es passieren, dass Ihnen die Herausforderung, sich selbst zu lieben, zu groß oder schwierig erscheint. Der Trick liegt darin, Ihre Ansprüche herunterzuschrauben. Erwarten Sie nicht zu viel von sich, sondern stecken Sie sich Ziele, die überschaubar und für Sie realistischerweise erreichbar sind.

Sie können auch einen Zwischenschritt einbauen. Wenn Sie sich (noch) nicht für Selbstliebe an sich entscheiden wollen, können Sie sich auch dafür entscheiden, Selbstliebe zu *lernen*. Damit berücksichtigen Sie Ihre Zweifel und Unsicherheiten und versprechen sich gleichzeitig, sich auf den Weg zu sich selbst zu begeben. Sie erwarten von sich keine unmittelbaren Ergebnisse, lenken aber Ihre innere Ausrichtung auf sich selbst. Ein kleiner Schritt, der mit der Zeit eine ungeheure Wirkung entfalten wird!

Wägen Sie nun alle Vor- und Nachteile ab und treffen Sie eine Entscheidung.

Haben Sie sich für die Liebe zu sich selbst entschieden, gibt es Grund zu feiern! Tun Sie sich selbst Gutes, sorgen Sie für sich, kochen Sie sich ein hervorragendes Essen oder gehen Sie aus! Vielleicht gönnen Sie sich auch einen Wellnesstag oder ein Rockkonzert. Was auch immer Ihnen Freude bereitet.

Schaffen Sie sich ein kleines Ritual, mit dem Sie sich täglich an Ihre Entscheidung erinnern. Heften Sie sich ein Bild von sich selbst oder eine schöne Postkarte, die Selbstliebe symbolisiert, an Ihren Badezimmerspiegel. Nachdem Sie sich morgens im Bad frisch gemacht haben, streichen Sie zur Erinnerung an Ihren Entschluss mit dem Finger über dieses Bild.

Oder kaufen Sie sich einen Ring oder eine schöne Uhr als Erinnerung an Ihre Entscheidung oder stecken Sie sich einen schön geformten Stein in die Tasche. Drehen Sie mehrmals täglich an diesem Ring, streichen Sie über das Uhrglas oder streicheln Sie Ihren Stein, um sich daran zu erinnern, dass Sie sich selbst lieben.

Veränderungen benötigen Zeit. Insbesondere Ihre tief greifende und weitreichende Entscheidung der Liebe zu sich selbst benötigt mehrere Monate, bis sie zu einer Selbstverständlichkeit wird. Wählen Sie ein Ritual, das zu Ihnen passt. Es wird Sie auf diesem Weg begleiten und Sie immer wieder auf Ihre Zielgerade zurückleiten.

Praxistipp

Sich für Selbstliebe entscheiden

1. Bearbeiten Sie das Entscheidungsquadrat, und zwar schriftlich.
2. Befassen Sie sich vorerst nur mit einem bestimmten Lebensbereich, in dem Sie sich Veränderungen wünschen.
3. Stecken Sie sich Ziele, die überschaubar und für Sie realistischerweise erreichbar sind.
4. Entscheiden Sie sich eventuell vorerst, Selbstliebe nur zu *lernen*.
5. Wägen Sie alle Vor- und Nachteile ab und treffen Sie eine Entscheidung.
6. Haben Sie sich für die Liebe zu sich selbst entschieden, feiern Sie Ihren Entschluss!
7. Schaffen Sie sich ein kleines Ritual, mit dem Sie sich täglich an Ihre Entscheidung erinnern.

An dieser Stelle eine Anmerkung: Tagebücher sind eine fantastische Sache. Suchen Sie sich einen ruhigen und gemütlichen Raum, in den Sie sich ungestört zurückziehen können. Setzen Sie sich mit der Fragestellung schriftlich auseinander! Wenn Sie sie bloß zur Kenntnis nehmen und dann weiterlesen, wird der positive Effekt deutlich geringer ausfallen.

Der Vorteil der schriftlichen Auseinandersetzung liegt darin, dass es schwieriger wird, sich selbst etwas vorzumachen. Dadurch, dass Sie Ihre Gedanken aufschreiben, holen Sie sie sozusagen aus Ihrem Kopf heraus und bringen sie auf Papier. Mit diesem Trick erreichen Sie, dass der Abstand zu Ihren Gedanken etwas größer wird, was Ihnen bei der Selbstreflexion hilft. Außerdem werden Ihnen je nach Tagesform und Stimmung unterschiedliche Dinge einfallen. Mit einem Tagebuch können Sie alles sammeln, um sich einen vollständigen Überblick zu verschaffen. Eine hervorragende Basis, um ausgewogene Entscheidungen zu fällen. Spannend ist es auch, ältere Aufzeichnungen nach Wochen oder Monaten zu lesen. Es regt an, Ihre Entscheidung noch einmal zu bekräftigen, und ermöglicht Ihnen einen Einblick in Ihre bisherige Entwicklung. Sie werden beeindruckt sein, wie sich Ihre Welt verändert, weil Sie anfangen, durch das Geschenk der Selbstliebe die Welt mit anderen Augen zu sehen!

Die dunklen Seiten lieben

Haben wir uns für Selbstliebe entschieden, spüren wir neben einem Gefühl von unglaublicher Befreiung auch eine schwere Seite. Wir finden Anteile in uns, die wir bei näherer Betrachtung gar nicht als liebenswert einstufen würden. Das ist das Wunderbare an Selbstliebe. Es kommt gar nicht darauf an, diese Seiten auszuklammern oder wegzuschieben. Es verhält sich genau umgekehrt. Wir sollten ihnen mit weit geöffneten Armen entgegentreten.

Zu der Frage, wie das möglich werden kann, ein kurzes Beispiel: Alle Eltern wissen, dass kleine Kinder einen nachts um den Schlaf bringen und sich der Tagesablauf an den Bedürfnissen der Kleinen ausrichtet. Das kleine Wesen muss auch tagsüber schlafen, hat feste Essenszeiten, schreit wegen Blähungen, hält einen ständig auf Trab und bringt die Eltern dazu, die eigenen Bedürfnisse hintanzustellen. Große Kinder sind bisweilen trotzig, rotzig, unverschämt, anstrengend und ungezogen. Und trotzdem liebt man sie. Kinder können einen an den Rand der Verzweiflung treiben, was aber nichts an der Liebe zu ihnen ändert. Kinder gibt es nur im Komplettpaket. Das Leben als Eltern hat wunderbare und erfüllende Seiten, kann aber auch kraftzehrend sein und einen an die eigenen Grenzen stoßen lassen.

In der Liebe zu uns selbst verhält es sich nicht anders. Neben unseren Vorzügen, Stärken und liebenswürdigen Seiten tragen wir auch dunkle Seiten in uns. Es sind die Dinge, mit denen wir uns nur ungern beschäftigen: unsere Ängste, Sorgen, Zweifel, Wut, Ärger, Ungeduld, Neid, Misstrauen und vieles mehr.

Wir befürchten oft, dass wir zu Monstern werden, wenn wir unsere Schattenseiten näher beleuchten. Das ist ein Trugschluss. Wir werden nicht dazu, wir sind es schon. Entspannen Sie sich bei diesem Gedanken! Indem Sie Ihre Aufmerksamkeit auf Ihre dunklen Seiten lenken, sehen Sie nur etwas, was ohnehin schon da ist. Es wird nicht erst durch Ihr Hinschauen erschaffen, sondern nur zutage gefördert. Wenn Sie auf sich schauen, werden Sie also nicht besser oder schlechter, sondern allenfalls verändert sich Ihr Selbstbild, es wird realitätsnäher. Vielleicht sind Sie doch nicht so zahm und friedfertig, wie Sie es gerne wären. Aber dann war es auch schon vorher so, Sie wollten es einfach nur nicht wahrhaben.

Wenn wir versuchen, unsere Schattenseiten zu verdrängen, werden sie uns in unserem Verhalten beeinflussen, weil sie in uns stecken. Gefühle mit destruktivem Charakter, auch wenn sie uns nicht bewusst sind, beziehungsweise insbesondere weil sie uns nicht bewusst sind, sind stark und mächtig. Sie wirken sich in unserem Verhalten aus. Erst wenn wir uns ihnen zuwenden und sie annehmen, wie wir unsere trotzigen Kinder annehmen, können wir Wege finden, konstruktiv mit ihnen umzugehen. Dadurch verhindern wir, dass sie unser Handeln durch unser Unbewusstes durchkreuzen. Vielmehr lernen wir, uns besser selbst zu verstehen. Verhaltensweisen, über die wir in der Vergangenheit nur den Kopf schütteln konnten, lassen sich nun nachvollziehen. Je umfassender wir uns selbst begreifen, umso eher finden unser Erleben und unser Verhalten in Einklang miteinander.

Negative Gefühle haben ihre Berechtigung. Wenn Sie sich ihnen zuwenden und ihre Ursache verstehen, können Sie gezielt und bewusst mit ihnen umgehen. Sie werden Ihnen dann sehr nützlich, denn Sie können Ihr Handeln so ausrichten, dass Sie konstruktive Lösungen anstreben.

Ein Beispiel: Ärgern wir uns über unseren Partner und nehmen diesen Ärger nicht bewusst wahr, reagieren wir häufig, indem wir unserem Unmut über beiläufige spitze und provozierende Äußerungen Ausdruck verleihen. Dieser Zusammenhang ist uns zunächst gar nicht bewusst. Nehmen wir aber unseren Ärger unmittelbar wahr, haben wir die Möglichkeit, den Auslöser konkret anzusprechen und zu einer konstruktiven Lösung zu finden.

Selbstliebe in diesem Zusammenhang bedeutet, dass man auch seinen Ärger als Teil von sich liebt, ihn ernst und wahrnimmt. Dann behindert er einen nicht mehr, sondern wird zu einem nützlichen Werkzeug. Wenn man seinen Ärger spürt, widmet man sich ihm, versucht, die Ursprünge zu verstehen, und reagiert klar und angemessen.

Im obigen Beispiel bringen wir unseren Ärger also nicht mehr durch ungezielte und breit gestreute Spitzen zum Ausdruck, sondern nennen das Problem beim Namen und suchen gemeinsam mit unserem Partner nach einer Lösung. Damit wird unser Ärger enorm wichtig und wertvoll, weil er uns hilft, unsere Beziehung wieder ein Stück zu verbessern.

Wenn Sie sich mit Ihren dunklen Seiten noch nicht beschäftigt haben, können sie beängstigend auf Sie wirken. Dann behindern sie Sie möglicherweise, sich bedingungslos zu akzeptieren. Je besser Sie Ihre dunklen Seiten kennenlernen, desto gelassener können Sie mit ihnen umgehen. Verstehen Sie die Ursachen, dann eröffnet sich Ihnen die Chance, mit den Auslösern zu arbeiten und positive Veränderungen herbeizuführen.

KAPITEL 5

Schluss mit den Schuldgefühlen!

Schuldgefühle bremsen oder behindern den Aufbau von Selbstliebe massiv. Deshalb ist es wichtig, ein Zuviel an Schuldgefühlen abzubauen und einen konstruktiven Umgang mit ihnen zu finden, um den Weg für Selbstliebe frei zu machen.

Marion: Schuldgefühle durch überhöhte Ansprüche

„Ich hoffe, ich habe nichts falsch gemacht." Marion, Mutter von Susanne, sitzt mit erwartungsvoll aufgerissenen Augen vor mir. Susanne fängt mit 16 Jahren an, Cannabis zu rauchen. Seit ihrem 18. Lebensjahr nimmt sie Heroin. Sie hat alles mitgemacht, angefangen von dem herrlich leichten Leben auf Drogenpartys bis hin zu Beschaffungskriminalität, Obdachlosigkeit und Prostitution. Natürlich macht sich ihre Mutter Sorgen, dass sie etwas falsch gemacht hat. Was hätte sie besser machen können? Ist sie verantwortlich für die Drogenkarriere ihrer Tochter? Ständig wird sie von Schuldgefühlen geplagt.

Susanne ist von klein auf ein lebhaftes Kind. Ihr Vater arbeitet viel und hart, um der Familie ein Leben in Wohlstand zu ermöglichen. Marion ist eher von sanfter Natur. Ihr fällt es schwer, ihre lebhafte Tochter zu bändigen und klare Grenzen zu ziehen. Sie lässt sich von ihrer Tochter um den Finger wickeln. Wenn Susanne ihr Ziel nicht erreicht, bekommt sie einen Tobsuchtsanfall. So bekommt sie letztlich immer das, was sie will. Ihre Eltern merken, dass in der Erziehung etwas nicht richtig läuft, andererseits wissen sie aber nicht, wie sie es besser machen können.

Marion leidet schon seit Langem an Schuldgefühlen. Sie fühlt sich ihrer Tochter gegenüber immerzu verpflichtet, ihre Versäumnisse von früher wiedergutzumachen. Sie schafft es nicht, sich eindeutig abzugrenzen. Sie unterstützt ihre Tochter, so gut sie kann, fängt viel von dem auf, was diese kaputtmacht. Irgendwann kippt dann die Situation. Marion stellt fest, dass sie trotz jahrelanger Bemühungen nichts erreicht hat. Susanne verfällt dermaßen den Drogen, dass sie überhaupt nicht mehr beeinflussbar zu sein scheint.

„Ich denke schon, dass Sie etwas falsch gemacht haben", antworte ich. „Ich kenne aber auch keine Eltern, die fehlerfrei sind." Marions Gesichtszüge entspannen sich etwas. Eigentlich ist ihr klar, dass Eltern in der Erziehung immer Fehler machen. Dennoch steht ihr Anspruch im Raum, möglichst fehlerfrei zu sein. Als Marion erkennt, dass ihre Schuldgefühle auch deutlich überhöhten Ansprüchen an sich selbst entspringen, wird ein Tor für Veränderungen geöffnet. Ihre Tochter kann sie nicht verändern, wohl aber sich selbst.

Den Teufelskreis durchbrechen

Menschen verletzen einander. Es ist unmöglich, eine vertrauensvolle Beziehung zu pflegen, ohne verletzt zu werden oder verletzend zu sein. Wir sind fehlbar, es wird uns beim besten Willen nicht gelingen, anderen nicht wehzutun. Wir alle laden Schuld auf uns. Es ist ein zutiefst menschliches Phänomen. Aber wie können wir mit Schuldgefühlen konstruktiv umgehen?

Für Marion ist es hilfreich, als Susanne in mehreren gemeinsamen Gesprächen ihrem Ärger Ausdruck verleiht. Die inkonsequente Grenzziehung ihrer Mutter hat sie als mangelndes Interesse an ihrer Person interpretiert. Marion ihrerseits schildert, dass sie sich in der Vergangenheit mit der Erziehung ihrer Tochter überfordert fühlte. Ein großer Schritt ist getan, als Mutter und Tochter ihre Gedanken aussprechen können und es ihnen nach und nach gelingt, sich gegenseitig besser zu verstehen.

Sie verstehen, dass Susanne mit ihrem aufsässigen Verhalten die Zuwendung und den Halt ihrer Mutter einforderte, Marion dadurch aber noch mehr verunsichert wurde, weshalb sie eher zurückhaltender wurde, was Susanne erst recht auf die Palme brachte.

Als dieser Kreislauf durchschaut ist, entwickeln beide die Einsicht, dass sie nur eine Chance haben, aus dieser Spirale auszubrechen: wenn sie ihre Forderungen und Anklagen loslassen. Beide Frauen entscheiden sich, ihr Glück nicht mehr von der anderen abhängig zu machen. Sie entschließen sich, sich ihre Verletzungen nicht länger gegenseitig vorzuhalten. Sie fangen an, sich als erwachsene Menschen zu begegnen und zu respektieren, ihre Unterschiedlichkeit anzuerkennen, die alten Schuldzuweisungen loszulassen und jede für sich Verantwortung zu übernehmen. Es folgt ein länger dauernder Prozess, nicht ohne Rückschläge, der es beiden Frauen ermöglicht, selbstbestimmter zu leben und sich aus der Abhängigkeit von der Bestätigung der anderen zu lösen. Im Umgang miteinander werden sie gelassener. Als es ihnen nach Susannes abgeschlossener Drogentherapie gelingt, entspannt beieinanderzusitzen und herzhaft zu lachen, begreift Marion, dass sie unglaublich viel in ihrem Leben zum Positiven verändert hat. Schuldgefühle spielen jetzt keine Rolle mehr.

Zur Ursache von Schuldgefühlen

Wie kommt es eigentlich dazu, dass manche Menschen unter permanenten Schuldgefühlen leiden? Je besser wir die Ursachen verstehen, desto eher wissen wir, an welchen inneren Stellschrauben wir drehen müssen.

Eine mögliche Ursache liegt in der Erziehung durch Eltern, die ihre Kinder durch die Erzeugung von Schuldgefühlen kleinhalten und sie dadurch in eine Ecke drängen. Wenn irgendetwas schiefläuft, heißt es gleich mit vorwurfsvollem Unterton: „Ja willst du das denn kaputtmachen?" – „Willst du mir denn wehtun?" – „Wie kannst du nur dies und das tun (und unausgesprochen hinzugefügt: du moralisch verwerfliches Wesen)?" Schwache Erwachsene neigen dazu, ihre Kinder mit moralischem Druck kleinzuhalten. Sie ziehen einen Menschen groß, dessen Selbstwertgefühl brüchig und mit Schuldgefühlen überladen ist, indem sie ihm die Basis bedingungsloser Liebe verwehren.

Manche Betroffene, die unter solchen Bedingungen aufgewachsen sind, erleben allgegenwärtig Schuldgefühle. Sie fühlen sich permanent schuldig und übernehmen für alles, was schiefläuft, automatisch die Verantwortung. Sie begegnen ihrem Gegenüber devot, fast unterwürfig, die eigenen Anliegen nicht beachtend. Sie verhalten sich übertrieben bescheiden und zuvorkommend. Sie nehmen sich selbst so sehr zurück, als würden sie sich für ihre pure Existenz entschuldigen.

Durch diese Fassade einer (Pseudo-)Demut erleben wir sie im ersten Moment als sehr höflich und angenehm, nach einiger Zeit verlieren wir aber das Interesse an ihnen, weil wir durch die Mauer der Demut nicht zu dem eigentlichen Menschen durchdringen können. Es gelingt uns nicht zu erfahren, was sie wirklich erleben und wie es ihnen geht, weil sie sich ständig entschuldigen. Wir begegnen nur einem Schutzwall.

Das ist eine tragische Situation. Der Betroffene wünscht sich aus tiefstem Herzen menschliche Nähe, aufgrund seiner beständigen Schuldgefühle und dem Bedürfnis, sich zu entschuldigen, erzeugt er tatsächlich aber zwischenmenschliche Distanz.

Schuldgefühlen ein Ende bereiten

Wollen wir uns aus dieser Falle befreien, besteht ein Ansatz darin, Schuldgefühlen einen Sinn zu geben. Wir nutzen sie für uns, indem wir ein zielgerichtetes Verhalten ableiten, das uns einen Schritt weiterbringt. Und das geht so:

Wenn Sie ein Schuldgefühl erleben, überprüfen Sie, ob dieses Gefühl an sich angemessen ist. Kommen Sie zu der Erkenntnis, dass es berechtigt ist, weil Sie sich falsch verhalten haben, ändern Sie Ihr Verhalten und entschuldigen sich gegebenenfalls. In der Folge sollte das Schuldgefühl abklingen.

Neigen wir dazu, Schuldgefühle in Übermaß zu empfinden, haben wir als selbstbestimmte Erwachsene die Möglichkeit, schuldgefühlauslösende Situationen zu analysieren, sie anhand unserer Wertmaßstäbe zu überprüfen und dann zu entscheiden, ob wir tatsächlich Schuldgefühle haben wollen.

Löst also Ihr Gegenüber in Ihnen durch eine vorwurfsvolle Haltung Schuldgefühle aus, können Sie vielleicht Ihre Gefühle in der unmittelbaren Situation nicht steuern, denn sie kommen, wie sie kommen. Analysieren Sie jedoch später die zurückliegende Situation, gelangen Sie möglicherweise zu dem Ergebnis, dass Sie nichts falsch gemacht haben. Zwar ist Ihr Gegenüber gemäß seinen Wertmaßstäben mit Ihrem Verhalten unzufrieden. Legen Sie aber Ihre Maßstäbe an, halten Sie Ihr Verhalten für richtig. Dann sind Schuldgefühle unangemessen.

Man kann Schuldgefühlen im Verlauf von Tagen oder Wochen gezielt ein Ende bereiten, indem man beschließt, sich nicht mehr schuldig fühlen zu wollen. Doch möglicherweise keimen sie dennoch in gewohnter Weise in uns auf. Wie immer, wenn wir etwas verändern wollen, ist der Verstand schneller als unser Gefühl. Das heißt, unsere Gefühlswelt benötigt längere Zeit als unser Verstand, um nach entsprechender Prüfung der Situation auf die Produktion eines Schuldgefühls zu verzichten.

Ein starkes Team: Gefühl und Verstand in wirkungsvoller Zusammenarbeit

Nicht nur für Schuldgefühle, sondern für sämtliche unangenehmen Gefühle, die in uns emporsteigen können, gilt: Die Unterteilung in den Verstand, den wir im Kopf ansiedeln, und das Gefühl, das sich bildlich gesprochen im Bauch befindet, ist sehr hilfreich. Es geht um die Kommunikation zwischen Verstand und Gefühl.

Manchmal machen wir uns in Situationen Sorgen, obwohl wir wissen, dass eigentlich nichts schiefgehen kann. Ich persönlich bin beispielsweise bei Flugreisen in ferne Länder furchtbar aufgeregt. Ich befürchte, dass das Hotel die Buchung verschlampt hat, ich aufgrund der fremden Sprache hilflos umherirre und alles Mögliche schiefläuft, obwohl ich weiß, dass ich die Reise sorgfältig geplant habe und bei Problemen, sofern sie denn überhaupt auftauchen, immer eine Lösung finde. Noch nie ist ein Deutscher in Spanien oder den USA hoffnungslos verschollen.

Mein Verstand sagt mir, dass bis auf ein kleines Restrisiko, das nie auszuschließen ist, kein Grund zur Sorge existiert. Mein (Bauch-)Gefühl ist aber dennoch in heller Aufregung, weil ich Angst vor der weit entfernten, fremden Umgebung habe.

Wenn wir einen Zwiespalt zwischen unserem Verstand und unserem emotionalen Erleben feststellen, geht es nicht um die Frage, ob der Verstand oder das Gefühl recht hat. Mit 99-prozentiger Wahrscheinlichkeit haben beide recht. Verstand und Gefühl betrachten jeweils nur die unterschiedlichen Seiten derselben Medaille.

Es stellt sich also die Herausforderung, Verstand und Gefühl miteinander abzugleichen und in Verbindung treten zu lassen. Haben wir Angst vor einer neuen Situation, nehmen wir Kontakt zu unserem Verstand auf. Finden sich in unserer Planung logische Denkfehler? Sind wichtige Fakten unberücksichtigt geblieben?

Und dann analysieren wir unsere Gefühle. Gefühle sind grundsätzlich immer richtig. Gefühle lügen nicht. Unpassend ist oft die Intensität oder der Zusammenhang, in den wir das Gefühl stellen. Wir sollten aber niemals zu dem Schluss kommen, dass mit uns etwas nicht stimmt, weil wir ein bestimmtes Gefühl verspüren. Vielleicht ist meine Angst vor der Flugreise übertrieben groß. Grundsätzlich ist es aber gut, ein wenig Angst zu haben, als Ansporn, die Reise gewissenhaft zu planen.

Wenn wir ein Gefühl wahrnehmen, das wir nicht recht einordnen können, sollten wir uns einfach mehr Zeit nehmen, um den Ursprung zu verstehen. Früher oder später werden wir eine Ursache identifizieren, die die Auslösung dieses Gefühls erklärt.

Oft verbindet man auf den ersten Blick ein Gefühl mit einem bestimmten Umstand. Mithilfe einer genaueren Analyse gelangt man aber vielleicht zu dem Ergebnis, dass das Gefühl eigentlich durch einen anderen Auslöser angestoßen wurde. Beispielsweise ist man gereizter Stimmung, weil einen ein bissiger und vollkommen überflüssiger Kommentar eines Kollegen nervt. Bei näherer Betrachtung stellt man aber fest, dass der Chef zu hohe Anforderungen an einen stellt, was einen viel mehr belastet als die unüberlegte Bemerkung des Kollegen. Dann ist es notwendig, den zunächst vermuteten und den tatsächlichen Auslöser voneinander zu trennen. In dieser Situation hilft der Verstand, die Gefühle zu sortieren. Man sollte sich in erster Linie mit dem Chef und erst danach mit dem Kollegen auseinandersetzen.

Oder man benutzt ein Schuldgefühl, um andere unangenehme Gefühle wie beispielsweise Einsamkeit nicht spüren zu müssen. Dabei ist das Schuldgefühl an sich nicht falsch, es findet sich bestimmt ein Auslöser. Möglicherweise ist die Ursache aber nur ein kleiner Fehler. Dann stellt sich die Frage, ob Stärke und Dauer des Gefühls angemessen sind und ob man andere Gefühle verdrängen will. Es kann zum Beispiel leichter sein, sich mit dem Schuldgefühl wegen einer Lappalie auseinanderzusetzen als mit der Einsamkeit, die richtig wehtut, weil einen gerade der Partner verlassen hat.

Wenn hier eine Schieflage besteht, kann der Verstand korrigierend mit dem Gefühl sprechen, um Auslöser und verschiedene Gefühlsqualitäten passend einander zuzuordnen. Der Verstand kann uns darauf stoßen, uns neben unseren Schuldgefühlen auch unserer Einsamkeit zu stellen, der möglicherweise ein größeres Gewicht zukommt.

Umgekehrt kann das Gefühl auch dem Verstand helfen. Wenn der Verstand zu einem Ergebnis kommt, das man logisch findet, sich aber ein warnendes Gefühl bemerkbar macht, dann ist es möglich, dass maßgebliche Fakten nicht oder nur unzureichend berücksichtigt wurden. Hat man etwas durchdacht und kommt zu einem erfreulichen Ergebnis, macht sich aber gleichzeitig ein warnendes Gefühl breit, ist man gut beraten, sich viel Zeit zu lassen und genau nach dem Ursprung dieser Warnung zu forschen. Man nimmt das Gefühl ernst und überprüft sein Denken. Die Wahrscheinlichkeit ist hoch, dass sich an der einen oder anderen Stelle ein logischer Fehler eingeschlichen hat.

Beispielsweise können wir messerscharf begründen, warum wir uns genau dieses Traumauto kaufen sollten, es hat sämtliche Features, die wir uns schon immer gewünscht haben und dringend brauchen. Es breitet sich ein gemischtes Gefühl aus. Neben der Vorfreude entdecken wir ein Gefühl der Besorgnis. Wir nehmen diese Besorgnis ernst und betrachten unsere anstehende Kaufentscheidung kritisch. Das Auto passt. Aber dann sehen wir, dass es gar nicht gut wäre, noch einen weiteren Kredit aufzunehmen. Die Sorge wurde also nicht durch das Auto an sich, sondern durch die späteren Ratenzahlungen erzeugt.

Unsere Gefühle geben uns Anstöße, unseren Verstand infrage zu stellen, und der Verstand hat die Möglichkeit, unsere Gefühlswelt zu überprüfen. Verstand und Gefühl sind ein ungeheuer effizientes Team, sie sind zwei beste Freunde, die nicht ohneeinander auskommen können. Sie ergänzen sich gegenseitig ganz fantastisch, einer ist auf die Hilfe des anderen angewiesen, und gemeinsam, Hand in Hand, sind sie unglaublich stark!

Durch Selbstliebe Schuldgefühle abbauen

Wird uns bewusst, dass wir zu übermäßig ausgeprägten Schuldgefühlen neigen, weil wir entsprechend erzogen worden sind, kann unser Verstand erklärend und beruhigend mit unserem Gefühl in Kontakt treten. Unser emotionales Erleben verändert sich nur langsam. Wir sollten diesbezüglich eher in Zeiteinheiten von Wochen und Monaten rechnen. Lassen Sie sich davon nicht abschrecken, sondern gehen Sie geduldig mit sich um.

Trainieren Sie, den Verstand Botschaften an das Gefühl senden zu lassen, wie zum Beispiel: „Du musst dich nicht schuldig fühlen, wenn du für deine Bedürfnisse eintrittst. Das ist dein gutes Recht! Wenn du dich nicht um deine Anliegen kümmerst, tut es auch kein anderer. Ich bin sehr zufrieden mit dir, wenn du auf dich achtest!" Anschließend lenken Sie Ihre Aufmerksamkeit wieder auf Ihren Bauch und suchen nach einem Gefühl, das für Zufriedenheit steht. Vielleicht fühlen Sie sich schuldig, weil Sie sich zur Wehr gesetzt haben. Aber andererseits werden Sie bestimmt auch eine gewisse Genugtuung entdecken, weil Sie endlich den Mund aufgemacht haben. Darauf konzentrieren Sie sich.

Sollte sich das Schuldgefühl später wieder zu Wort melden, gehen Sie gelassen damit um. Der Verstand sendet dann erneut eine Botschaft an das „innere Kind", dass es sich nicht schuldig zu fühlen braucht – es ist alles in Ordnung, Sie dürfen sich für sich selbst einsetzen. Und wenn Sie sich etwas kantig verhalten haben, ist das auch okay. Sie sind nicht perfekt und müssen es auch nicht sein.

Was ist nun mit dem inneren Kind gemeint? Hierbei handelt

es sich um einen bildlichen Begriff. Man geht grundsätzlich davon aus, dass uns Erlebnisse prägen. Ereignisse und Beziehungen, die von großer Bedeutung sind, formen uns. Von Bedeutung, im positiven wie im negativen Sinn, ist alles, was einen starken emotionalen Abdruck in uns hinterlässt. Alles, was unser Gefühlsleben in Wallung bringt, prägt uns.

Als Kinder erleben wir sowohl positive als auch gestörte Beziehungen intensiv. Situationen, in denen wir uns einsam und ohnmächtig fühlen, leben in uns fort, genauso wie die schönen Momente, als wir zum Beispiel im Sommer bei unserer Oma frisch gebackenen Apfelkuchen im Garten gegessen haben. Wenn man von dem inneren Kind spricht, dann ist damit das Kind in uns gemeint, das in Form von Erinnerungen an frühere, prägende Erlebnisse, die uns in Gedanken, in unserer Vorstellung und in unserer Gefühlswelt bis heute begleiten, existiert. Dieses Phänomen ist uns mal mehr, mal weniger bewusst, aber es beeinflusst Tag für Tag unser Erleben und Verhalten.

Wenn sich also Schuldgefühle in Ihnen ausbreiten, bei deren Betrachtung Sie zu dem Ergebnis kommen, dass sie unangemessen sind, dann sprechen Sie zu Ihrem inneren Kind wie zu einem kleinen Mädchen oder Jungen. Vielleicht haben Sie schon von Kindheit an immer wieder mit zu starken Schuldgefühlen zu tun gehabt. Erklären Sie sich selbst die gegenwärtige Situation, gehen Sie beruhigend und liebevoll mit sich um und ermutigen Sie sich, das Schuldgefühl loszulassen. Das ermöglicht Ihnen, gelassener zu reagieren und für Ihre Gefühle das rechte Maß zu finden. Wenn Sie diese Schritte gehen, erleben Sie die heilende Kraft der Selbstliebe. Sie eröffnet Ihnen eine Welt, die von Freiheit, Unabhängigkeit und Selbstbestimmung geprägt ist. Schuldgefühle spielen dort immer weniger eine Rolle.

Erleben wir nun aber berechtigterweise das Gefühl von Schuld, weil wir uns etwas zu Schulden haben kommen lassen, entscheiden wir selbst, wem wir uns mit unserer Fehlerhaftigkeit zeigen. Deswegen meiden wir Menschen, die versuchen, unsere Schuldgefühle noch zu verstärken. Wir suchen sorgfältig aus, welche Menschen vertrauenswürdig sind, und öffnen uns nur denjenigen, die unser Vertrauen verdienen.

Manchmal tritt dann sogar die überraschende Situation ein, dass ein uns nahestehender Mensch unsere Fehler schon längst gesehen hat, die wir, von Schuldgefühlen geleitet, nicht zu erkennen geben wollten. Plötzlich entdecken wir, dass unser Gegenüber unsere Schwachstellen kennt und behutsam mit ihnen umgeht, ohne uns Vorwürfe zu machen. Solche Begegnungen haben heilende Kräfte. Sie helfen uns, zu unseren Fehlern stehen zu können.

Je besser Sie über Ihre Fehler sprechen können, desto klarer wird die Beziehung zu Ihrem Gegenüber. Sie müssen nicht mehr bestimmte Themen umschiffen, keine Erklärungen an den Haaren herbeiziehen. Wenn es Ihnen gelingt, Ihre Fehler anzunehmen, werden Sie entspannter, offener und direkter. Ihre Beziehungsfähigkeit nimmt zu. Wenn Sie innerhalb einer vertrauensvollen Beziehung Schuldgefühle plagen, lohnt es sich, den Mund aufzumachen. Nutzen Sie sie als Anschub, Ihr Problem anzusprechen, auch wenn das zunächst Angst auslöst.

Schuldgefühle sind dazu da, Missverständnisse und rücksichtsloses oder kränkendes Verhalten unmittelbar zu klären und gegebenenfalls um Verzeihung zu bitten. Im besten Fall gelingt es unmittelbar, einen Fehler anzusprechen. Dann kann die schwierige Situation sofort besprochen und geklärt werden. Man vermeidet damit, sich über lange Zeit mit ungeklärten Schuldgefühlen zu quälen. Das schenkt uns Freiheit.

Gelingt es Ihnen nicht, Ihr Fehlverhalten sofort zu klären, sollten Sie es baldmöglichst ansprechen, um keinen unnützen Ballast mit sich herumzuschleppen. Schuldgefühle an sich nützen keinem etwas, doch als Motor, um einen Fehler anzusprechen und wiedergutzumachen, sind sie sehr wertvoll. Gelingt es Ihnen, Schuldgefühle in dieser Weise zu nutzen, dann sind sie ein hilfreiches und wirkungsvolles Werkzeug für ein glücklicheres Leben. Ein klärendes Gespräch nimmt Ihnen den Ballast von den Schultern und lässt Sie aufatmen.

Schuldgefühlen einen Sinn geben

Wie können wir aber mit Schuldgefühlen umgehen, die uns schon lange plagen? Wenn wir einen großen Fehler zum Beispiel nicht klären können, weil der Kontakt zu der betroffenen Person abgebrochen ist? Dann tragen wir Schuldgefühle mit uns herum und wissen nicht, wie wir sie ablegen können.

An diesem Punkt kann man sich dafür entscheiden, seinen Schuldgefühlen einen neuen Sinn zu geben. Dies ist gleichzeitig die Entscheidung dafür, aktiv zu werden und etwas zu verändern, damit den Schuldgefühlen ihre Existenzgrundlage entzogen wird.

Besteht nicht mehr die Möglichkeit zum direkten Gespräch mit demjenigen, an dem wir schuldig geworden sind, bleiben uns weitere Möglichkeiten, um Schuldgefühle abzubauen: Wir können unser früheres Verhalten infrage stellen und daraus die nötigen Schlüsse für Verhaltensänderungen ableiten, um in Zukunft unser Fehlverhalten nicht zu wiederholen. Wir lernen aus unseren Fehlern und verhalten uns im Kontakt zu anderen liebevoller als zuvor. Damit verleihen wir unseren Schuldgefühlen einen Sinn.

Wenn wir auch an dem Menschen, an dem wir schuldig geworden sind, nichts wiedergutmachen können, so können wir doch stellvertretend anderen Menschen helfen. Aus der Anerkennung unserer Fehler erwächst vielleicht der Wunsch, ganz bewusst Gutes zu tun. Möglichkeiten, wie zum Beispiel Nachbarschaftshilfe oder Engagement in humanitären Hilfsprojekten, existieren reichlich. Es handelt sich dabei nicht um den Versuch, sich moralisch freizukaufen, sondern es geht einfach darum, Gutes tun zu wollen. Wir können uns dadurch entlasten, weil wir wissen, dass wir Schlechtes wie Gutes tun. Wir können das eine nicht durch das andere aufwiegen. Wir erkennen aber an, dass wir Menschen sind, die Schlechtes wie Gutes tun, wie alle Menschen auf dieser Welt. Wenn wir uns mit unseren Fehlern auseinandergesetzt haben, konzentrieren wir uns anschließend darauf, was wir Gutes getan haben und tun werden.

Eine weitere Möglichkeit, mit Schuldgefühlen umzugehen, bietet sich denjenigen, die an einen Gott der Sündenvergebung glauben. Dann kann im Glauben Vergebung erlangt werden.

An diesem Punkt angelangt, sollte ein Schlussstrich unter die Schuldgefühle gezogen werden. Denn Schuldgefühle für sich genommen ergeben keinen Sinn. Sie nutzen weder dem, der unter unserem Fehlverhalten gelitten hat, noch uns. Wir tun, was wir tun können, bemühen uns, soweit es in unserer Macht steht, um Aufarbeitung und Wiedergutmachung. Danach kommt der Zeitpunkt, an dem wir uns von unseren Schuldgefühlen verabschieden. Auf Nimmerwiedersehen! Ab jetzt führen wir ein freies und unbeschwertes Leben!

Praxistipp

Mit berechtigten Schuldgefühlen umgehen

1. Beschreiben Sie die auslösende Situation sachlich.
2. Stellen Sie Schuld bei sich fest, klären Sie die entsprechende Situation in einem Gespräch.

3. Tun Sie, was Sie zur Wiedergutmachung tun können, wenn eine Entschuldigung nicht ausreicht.
4. Ist kein Gespräch mehr möglich, stellen Sie Ihr früheres Verhalten infrage und leiten daraus die nötigen Schlüsse für Verhaltensänderungen ab.
5. Tun Sie in anderen Bereichen Gutes.
6. Haben Sie mit Veränderungen und Taten der Wiedergutmachung reagiert, ist es an der Zeit, sich von Ihren Schuldgefühlen zu verabschieden.

Zusammenfassung: Wie Sie Schuldgefühle bewältigen

1. Viele Menschen haben permanent ein schlechtes Gewissen und fühlen sich für alles, was in ihrer Umgebung schiefläuft, verantwortlich. Gehören Sie zu dieser Gruppe? Wenn ja, dann versteckt sich hinter den Schuldgefühlen eventuell die Problematik einer unzureichenden Abgrenzung beziehungsweise Abnabelung vom Elternhaus. Ihr inneres Kind ist möglicherweise von moralischen Ansprüchen in Beschlag genommen, die nicht Ihren eigenen Vorstellungen entsprechen. Klären Sie Ihre Werte und Maßstäbe. Schreiben Sie in Ihrem Tagebuch auf, was für Sie wichtig ist und für Sie zählt. Wie sehen Ihre Werte und Maßstäbe aus? Schreiben Sie auch auf, was andere von Ihnen fordern.

2. Sehen Sie nach entsprechender Prüfung kein Fehlverhalten auf Ihrer Seite, weil Sie sich nach Ihren Maßstäben nichts zuschulden haben kommen lassen, ist es an der Zeit, Ihre Fähigkeit, sich von anderen abzugrenzen, zu verbessern. Lernen Sie, dass Sie in erster Linie für sich verantwortlich sind, wie jeder andere auch. Sie sind erwachsen, der andere ist erwachsen, jeder kümmert sich um seine Anliegen. Erkennen Sie die Tatsache an, dass

es weder Ihre Aufgabe noch Ihre Verantwortung ist, sich für alles, was schiefläuft, schuldig zu fühlen und den Anforderungen anderer gerecht zu werden.

Werden Sie von Schuldgefühlen permanent überflutet, benötigen Sie möglicherweise die Hilfe eines Therapeuten, da solche Zustände grundsätzlich auch viele andere mögliche Ursachen haben können.

3. Wenn Sie Schuldgefühle erleben, dann heißt das noch lange nicht, dass Sie tatsächlich schuldig geworden sind. Bei Schuldgefühlen handelt es sich zunächst einmal um ein Gefühl. Wenn Sie keine Klarheit darüber haben, aus welchen Quellen sich Ihre Schuldgefühle speisen, nehmen Sie Ihr Tagebuch zur Hand. Beschreiben Sie die auslösenden Situationen sachlich. Um welche Themen kreisen Ihre Schuldgefühle? Haben Sie mit Menschen zu tun, die in Ihnen gezielt Schuldgefühle erzeugen wollen? Wenn Freunde Ihre Beschreibung läsen, würden diese auch zu der Einschätzung kommen, dass Sie schuldig geworden sind?

4. Stellen Sie Schuld bei sich fest, dann vergegenwärtigen Sie sich, dass Sie an *einem* Punkt und an *einer* Stelle in Ihrem Leben schuldig geworden sind. Deswegen sind Sie kein schlechter Mensch, sondern nur ein fehlerhafter, wie jeder andere auch. Der Betroffene ist durch Ihre Schuld in der Regel nicht in seiner Existenz bedroht, sondern er hat nur eine Situation erlebt, die ihm wehgetan hat. Auch für ihn geht das Leben weiter.

5. Sprechen Sie den Betroffenen an. Klären Sie die entsprechende Situation in einem Gespräch. Wenn Sie ihn verletzt haben, ohne dass es Ihre Absicht war, dann teilen Sie ihm das mit.

6. Tun Sie, was Sie zur Wiedergutmachung tun können, wenn eine Entschuldigung nicht ausreicht. Dabei lassen Sie sich aber zu nichts verpflichten, sondern geben aus freien Stücken. Sie entscheiden, was Sie geben.

7. Besteht kein Kontakt mehr zu demjenigen, an dem Sie schuldig geworden sind, gehen Sie vor wie oben beschrieben.

Tun Sie in anderen Bereichen Gutes. Dabei geht es nicht um einen Ablasshandel, sondern darum, auf der Seite mit Ihren guten Taten etwas mehr anzuhäufen. Lassen Sie die guten und schlechten Taten nebeneinander stehen, ohne das eine durch das andere aufwiegen zu wollen. Akzeptieren Sie Ihre Fehlerhaftigkeit, schließen Sie Frieden mit ihr. Erkennen Sie Ihre menschliche Natur als solche an. Erfreuen Sie sich an Ihren guten Taten!

8. Haben Sie auf Ihre Schuldgefühle mit Veränderungen und Taten der Wiedergutmachung reagiert, ist es an der Zeit, sich von ihnen zu verabschieden. Sie können nicht mehr tun, als Veränderungen vorzunehmen. Der Zweck der Schuldgefühle ist erfüllt.

9. Sollten Sie die Schuldgefühle dennoch weiter quälen, gehen Sie mit sich selbst in einen inneren Dialog. Jedes Mal, wenn die Schuldgefühle sich wieder bemerkbar machen, erklären Sie ihnen, dass sie ihren Zweck erfüllt haben. Gehen Sie behutsam mit Ihrem inneren Kind um. Ärgern Sie sich nicht über Ihre Schuldgefühle, sondern seien Sie geduldig. Senden Sie immer wieder Botschaften von Ihrem Verstand an Ihre emotionale Seite und das innere Kind, dass Sie zur Wiedergutmachung getan haben, was Sie tun konnten. Haben Sie sich in der Vergangenheit falsch verhalten, können Sie Ihre Taten weder durch Grübeln noch durch Schuldgefühle zurückdrehen. Das Leben geht weiter, Wunden werden heilen. Wir sind nicht perfekt. Das Schuldgefühl kann sich jetzt beruhigen und darf abklingen. Hilft das nicht, gehen Sie wieder zu Punkt 1.

KAPITEL 6

Neidgefühle sind wertvolle Wegweiser

Viele von uns beschleicht ein Gefühl von Neid, wenn wir die schöne Villa des Millionärs betrachten, gleich an der Küste mit Meerblick. Oder wenn wir berühmte Schauspieler sehen, wie schön, jung und erfolgreich sie sind und wie viel Geld sie verdienen! Unsere medialen Superhelden sind retuschiert und blank poliert, doch wir wissen, dass sie tatsächlich nur Menschen aus Fleisch und Blut sind. Gleichzeitig wollen wir aber auch ein Stück weit an die perfekte Welt der Schönen und Reichen glauben. Dann hat Neid ein leichtes Spiel – wären wir doch auch so unglaublich schön, begabt, reich und selbstsicher!

Neidisch sind wir auch auf Nachbarn und Freunde. Wer hat das neueste Auto, wer verdient mehr, wer hat das klügste elektronische Kommunikationsgerät? Wir lassen uns hineinziehen in diesen Sog unserer Gesellschaft. Es soll immer schneller, höher, tiefer und weiter gehen. Und wer das Neueste und Teuerste hat, zu dem schielen wir neidisch hinüber.

Warum gelingt es uns nicht, mit dem zufrieden zu sein, was wir haben? Auch der Durchschnittsbürger in unserem Land lebt heutzutage in unglaublichem Luxus. Vor ein paar hundert Jahren wurden selbst die Könige kaum so alt, wie wir es heute werden. Im Winter gab es kein frisches Gemüse, es gab kein Tiefkühlfach, keine Zentralheizung und kein Auto oder Flugzeug, das uns ganz bequem bis ans letzte Ende der Welt bringt. Die Medizin war bei Weitem nicht so leistungsfähig wie heute. Es gab keinen Zahnarzt, keine modernen Schmerzmittel. Das durch Krankheit verursachte Leid war um ein Vielfaches größer. Wir wissen um die Segnungen der modernen Welt. All das hält uns aber nicht davon ab, Neidgefühle zu entwickeln.

Der Neidische schaut von sich selbst weg auf den anderen. Nicht wir setzen den Maßstab, sondern passen uns an den an, der uns angeboten wird. Wir fragen nicht uns, was wir brauchen, sondern übernehmen ein Wertesystem kritiklos aus der Werbung, den Medien oder von unserem Nachbarn. Wenn Ihnen das bewusst wird, eröffnet sich Ihnen die Freiheit, sich gezielt die Frage nach Ihren Wertvorstellungen zu stellen. Schauen Sie auf das, was Ihnen wirklich wichtig ist, werden Sie vieles, auf das Sie vorher neidisch waren, zwar immer noch attraktiv finden, aber nicht mehr wirklich benötigen. Dann können Sie das Neidgefühl loslassen.

Wenn wir noch eine Schippe tiefer graben und unseren persönlichen Anteil an Neidgefühlen analysieren und auf die Auslöser schauen, entdecken wir möglicherweise das Gefühl, nicht auszureichen und unzulänglich zu sein. Neidisch zu sein heißt, das Gefühl zu haben, dass etwas fehlt. Oft geht es dabei im Kern nicht um das Neidobjekt, sondern um eine tief liegende innere Bedürftigkeit, die sich möglicherweise durch ein Gefühl von Leere Ausdruck verleiht. Es reicht nicht, was man leistet, es ist nie genug, was man hat, und man muss sich noch mehr anstrengen, um sich Anerkennung und Liebe zu erarbeiten. Keine bedingungslose Annahme, sondern immer dieses „Ja, aber …". „*Ja*, schon ganz gut, *aber* das hättest du noch besser machen können, wenn du dir nur genug Mühe gegeben hättest …" Das Gefühl, dass immer irgendetwas mit uns nicht in Ordnung ist und wir nicht das haben, was wir wirklich brauchen, quält uns. Und der Gedanke „Ach, hätte ich es doch nur so gut wie die anderen" kommt auf.

Wenn Neidgefühle in Ihnen aufkeimen, sind sie ein wertvoller

Wegweiser. Irgendwo rumort es in Ihnen, es herrscht Unzufriedenheit. Wenn Sie einen neidischen Gedanken hegen, sollten Sie für ihn dankbar sein. Er fordert Sie auf, sich mit sich selbst und nicht länger mit dem anderen zu beschäftigen und sich damit zu befassen, worum es tatsächlich geht. Je besser Sie sich selbst verstehen, desto gelassener können Sie mit sich umgehen.

Holger: Verunsicherung erzeugt Neid

Holgers Vater wird mit 15 Jahren in Hitlerdeutschland zur Flak einberufen und muss am Krieg teilnehmen. Über Jahre weiß er nicht, ob er den nächsten Tag noch erleben wird. In Nazideutschland großgeworden, bricht mit Ende des Weltkriegs auch sein bisheriges Weltbild zusammen. Er ist in einer Welt aufgewachsen, in der das Heil im Nationalsozialismus gesehen und ein neues Weltreich verkündet wurde. Innerhalb weniger Jahre erlebt er als Jugendlicher genau das Gegenteil, sein Heimatland wird in Schutt und Asche gelegt. Was soll er noch glauben? Wem kann er noch vertrauen?

Als Holger 25 Jahre später geboren wird, sieht die Welt völlig anders aus: Das Land ist wieder aufgebaut, die damalige Zeit wird durch die Bewegung der 68er geprägt. Als Holger 16 Jahre alt ist, liebt er lange Haare und hört Heavy Metal. Sein Vater kann das nicht verstehen. Für ihn ist nicht nachvollziehbar, was seinen Sohn beschäftigt und bewegt. Er kann nicht fassen, dass Holger Stunden damit verbringt, sich diesen „Krach" anzuhören.

Holger hat den Eindruck, als sei er für seinen Vater wie ein Wesen von einem anderen Stern. Dessen Unverständnis erzeugt das tief greifende Gefühl in ihm, grundlegend nicht verstanden zu werden. Mit den Dingen, die ihn bewegen, kann sein Vater nichts anfangen. Das ist für ihn unglaublich schmerzhaft. Zwischen Hitlerdeutschland und dem Westdeutschland der 80er-Jahre liegen Welten, genauso wie zwischen Holger und seinem Vater. Holger benötigt Jahre der Reifung und Reflexion, um diese Zusammenhänge zu erfassen und zu verstehen, dass sein Vater tatsächlich aus einer anderen Welt stammt, zumal er nie über seine Kriegserlebnisse gesprochen hat. Mit dem Tempo der Veränderungen ist sein Vater kaum mitgekommen, was zu massiven Spannungen zwischen den Generationen führte.

In solchen Situationen hat Neid leichtes Spiel. Da Holger mit sich selbst nicht im Reinen ist, tief verunsichert ist und nicht recht weiß, wer er ist, scheint bei den anderen alles einfacher und besser zu funktionieren. Es ängstigt ihn, welches Maß an Selbstsicherheit sie vermeintlich verströmen. Anderen gehen die Dinge immer leicht von der Hand. Holger aber, der sich chronisch missverstanden fühlt, erscheint alles schwierig und kompliziert, weil er immer das Gefühl der Verunsicherung in sich trägt. Er entwickelt ausgeprägte Neidgefühle. Hätte er es doch nur so gut wie die anderen, die vor Selbstbewusstsein strotzen, schön und intelligent sind!

Später, als Holger den Kreislauf der Selbstliebe kennenlernt, gelingt es ihm, den neidvollen, auf andere gerichteten Blick auf sich selbst zu lenken. Nun lernt er, sich um sich selbst zu kümmern. Er bemerkt, dass die anderen auch nur mit Wasser kochen. Er gibt die Trennung zwischen „die" und „ich" auf, weil er versteht, dass alle in einem Boot sitzen und jeder seine Herausforderungen im Leben zu meistern hat. Er gewinnt an Gelassenheit und Zufriedenheit.

Neid ist ein wichtiger Indikator. Wenn wir neidisch sind, stellt sich die Frage, was uns fehlt. Was fehlt uns wirklich? Warum können wir nicht mit dem zufrieden sein, was wir haben? Warum konzentrieren wir uns auf andere, wenn es uns eigentlich doch gar nicht schlecht geht? An welcher Stelle erleben wir einen Mangel? Wenn wir uns selbst verstehen, können wir Schritte der Veränderung unternehmen und für uns sorgen.

Menschen, die Neidgefühle intensiv erleben, haben möglicherweise einen Mangel in folgenden Bereichen erlebt: liebevolle Zuwendung, Fürsorge, Anerkennung, bedingungslose Annahme, Schutz, Sicherheit, Geborgenheit, Gerechtigkeit und Ähnliches. Grundsätzlich haben wir in Kindheit und Jugend viel Gutes mitbekommen, um uns das Rüstzeug für das Erwachsenenleben anzueignen. Aber die Defizite in bestimmten Bereichen haben ihre Spuren hinterlassen, führen zu Verlusterleben und machen uns unzufrieden, weshalb wir Neidgefühle entwickeln. Solange wir uns nicht bewusst mit diesem Gefühl eines Mangels auseinandersetzen, dauert es fort.

Im Folgenden beschreibe ich konkrete Schritte zum Umgang mit Neidgefühlen und deren Abbau. Weitere Impulse werden Sie mit dem Kreislauf der Selbstliebe kennenlernen, der Ihnen einen liebevollen Umgang mit sich selbst aufzeigt.

Zunächst noch ein kleiner Hinweis zur Ausdrucksweise: Sagen Sie lieber „Ich habe Neidgefühle“ als „Ich bin neidisch“. Denn mit dem Begriff des Neid*gefühls* schaffen Sie etwas mehr Distanz zum Neid. Er verdeutlicht, dass dieses Gefühl nur eines von vielen ist, die Sie in sich tragen. Sie besitzen auch viele positive Gefühle.

Reflektieren Sie Ihre Neidgefühle (schriftlich in Ihrem Tagebuch). Welchen Mangel haben Sie erlebt, der diese Gefühle auslöst? Wenn Sie neidisch auf Nachbars Auto sind, dann analysieren Sie, wofür dieses tolle Auto steht! Steht es für Größe, Stärke, Sicherheit, Geborgenheit oder anderes? Unterscheiden Sie: Es geht nicht um das Auto an sich, sondern um das Gefühl, das dieses Auto in Ihnen auslöst! Was würde es in Ihnen an Gefühlen erzeugen, wenn Sie es hätten? Wenn Sie hierauf eine Antwort gefunden haben, dann führt sie Sie dahin, was Sie möglicherweise in Ihrer Kindheit und Jugend vermisst haben. Wenn das Auto bei Ihnen ein Gefühl von Freiheit auslöst, stellt sich die Frage, was Ihr inneres Kind unfrei macht. Warum fühlen Sie sich heute unfrei, obwohl Sie alle Freiheiten der Welt haben? Wenn es in Ihnen das Gefühl von Stärke oder Unverletzbarkeit auslöst: Was hat in Ihnen früher das Gefühl ausgelöst, schwach und verletzlich zu sein? Was macht Sie heute angreifbar?

Diese Fragen sind sicherlich nicht einfach zu beantworten. Für die Reflexion ist es hilfreich, sich mit den Ursachen Ihrer Neidgefühle zu beschäftigen, die Auseinandersetzung dann ruhen zu lassen und sie später wieder aufzugreifen. So werden Sie sich nach und nach besser verstehen und kennenlernen. Selbstverständlich können Sie das Auto durch ein beliebiges Neidobjekt Ihrer Wahl ersetzen.

Wenn Ihnen klarer geworden ist, was Sie vermissen, sprechen Sie mit sich selbst, wie es ein guter Freund tun würde. Der Verstand versteht recht schnell, das Gefühl hinkt in seiner Reaktionszeit hinterher. Erzählen Sie Ihrem inneren Kind, dass Sie alles haben, was Sie zum Leben benötigen: „Liebe(r) … ich weiß, dass du auf das Auto neidisch bist, weil es dir das Gefühl von Sicherheit (oder anderes) geben würde. Aber habe keine Sorge, du bist sicher. Du hast alles, was du zum Leben brauchst, alles ist da. Und wenn tatsächlich Unsicherheiten aufkommen, hast du genügend Freunde, die dir im Zweifelsfall zur Seite stehen …"

Modifizieren Sie dieses Selbstgespräch, bis es vollständig auf Ihre Situation passt, und üben Sie es täglich mehrfach, insbesondere in Situationen, in denen Neidgefühle aufkommen. Haben Sie den Eindruck, von dem Selbstgespräch nicht profitieren zu können, setzen Sie sich mit den weiter unten beschriebenen Wegen zur inneren Heilung auseinander.

Und nun üben Sie, zu genießen! Das Gegenteil von Neid bildet die Fähigkeit, das Hier und Jetzt zu genießen. Erfreuen Sie sich an den schönen Seiten des Lebens, die Ihnen zur Verfügung stehen. Konzentrieren Sie sich auf das, was Sie haben! Sie haben mehr davon, wenn Sie an einem lauen Sommerabend ein kühles Glas Sprudelwasser genießen können, als wenn Sie ein Glas Champagner gierig hinunterstürzen. Wer weiß, dass er alles hat, was er zum Leben braucht, kann zur Ruhe kommen und sich den erfreulichen Seiten des Lebens zuwenden. Genussfähigkeit ist wahrer Reichtum.

Neidgefühle bewältigen

1. Reflektieren Sie Ihre Neidgefühle. Welchen Mangel haben Sie erlebt, der diese Gefühle auslöst?
2. Erzählen Sie Ihrem inneren Kind, dass Sie alles haben, was Sie zum Leben benötigen.
3. Üben Sie, sich an den schönen Seiten des Lebens zu erfreuen.

Bei der Auseinandersetzung mit unangenehmen Gefühlen fällt auf, dass sie einen Zweck haben: Sie machen auf einen Missstand, ein Problem, auf einen inneren oder äußeren Konflikt aufmerksam. Sie zeigen uns die Richtung, in der Veränderungsbedarf besteht, sowohl in unserem Gefühlsleben als auch in unseren Beziehungen. Das ist sehr nützlich und hilfreich. Oft weisen sie uns auf notwendige Verhaltensänderungen hin. Geben wir auf unsere unangenehmen Gefühle acht und zeigen eine angemessene Reaktion, indem wir in unserem Leben entsprechend etwas verändern, klingen sie zumeist wieder ab, und in der Folge geht es uns besser. Sie sind ein wirkungsvoller Ratgeber, wenn wir sie ernst nehmen und für uns nutzen. Mit ihrer Hilfe werden wir unser Leben glücklicher und erfolgreicher gestalten können!

KAPITEL 7

Zur Ruhe kommen und genießen

Es fällt uns oft nicht leicht, zur Ruhe zu kommen. Ein Grund für unsere Betriebsamkeit ist der, dass wir befürchten, dass unangenehme Gefühle in uns aufsteigen, wenn wir uns nicht andauernd ablenken. Der zweite Grund liegt in unserer multimedialen Zeit. Wir werden permanent informiert, abgelenkt, unterhalten und beschäftigt. Die vielen kleinen Geräte, die uns angeblich den Alltag erleichtern sollen, führen im Ergebnis dazu, dass wir Zeit verlieren und unter Druck gesetzt werden.

Steht man unter innerer Anspannung, weil man sich von der Hektik des Alltags gefangen nehmen lässt, verfügt man nicht über die notwendige Muße, um genießen zu können. Selbstliebe benötigt Zeiten der Ruhe, um sich wahrnehmen und über sich nachdenken zu können. Ist man innerlich unruhig, ist es hilfreich, sich einen Raum äußerer Ruhe zu schaffen. Wichtigste Voraussetzung hierfür ist es, Radio, Fernsehen und sämtliche Kommunikationsmedien auszustellen. Alles, was sonst noch ablenkt, wird entfernt.

Man muss damit rechnen, dass in einem Zustand der Ruhe verborgene Ängste oder allgemeine Gefühle von Unzufriedenheit in einem aufsteigen. Sie sind Wegweiser und Anstoß, sich mit grundlegenden Lebensfragen auseinanderzusetzen. Viele Menschen, die es wagen, sich aus ihrer geschäftigen Umwelt herauszuziehen und für begrenzte Zeit in ein Kloster zu gehen, sehen sich genau mit diesen Themen konfrontiert. In solchen

Situationen steigen die verschiedensten Fragen in uns auf, zum Beispiel: Was machen wir hier eigentlich die ganze Zeit? Wem oder was jagen wir hinterher? Brauchen wir wirklich das Eigenheim, das Geld und den Luxus? Ist das nächste berufliche Ziel, das wir uns gesteckt haben, wirklich so wichtig? Wie gestalten wir unsere Beziehungen? Welche Ziele verfolgen wir in unseren Beziehungen? Und so weiter. Viele Menschen lernen in Zeiten der Einkehr, dass ein Dach über dem Kopf, regelmäßige Mahlzeiten und eine förderliche, sich gegenseitig befruchtende Gemeinschaft glücklich machen können. In solchen Zeiten gelingt es, innerlich zur Ruhe zu kommen, die Lebensziele neu zu sortieren und zu priorisieren, überflüssigen Ballast abzustreifen und sich auf das Wesentliche zu konzentrieren.

In unserem hektischen Leben wird der Raum, in dem wir tatsächlich genießen können, immer weiter eingeengt. Wir verwechseln Konsumieren mit Genießen. Immer ist alles möglich, immer blinken an verschiedensten Ecken die Lichter der Versuchung auf und erinnern uns daran, dass wir unzählige Möglichkeiten haben, elektronisch zu kommunizieren, zu konsumieren und unsere Sinne überfluten zu lassen. Es ist widersinnig. Obwohl wir allen erdenklichen Luxus haben, in Supermärkten die besten Lebensmittel aus der ganzen Welt angeboten bekommen, können wir sie in unserer Hektik kaum genießen. Wir berauschen uns am Konsum, sind aber unfähig, die einfache Schönheit des Lebens wahrzunehmen und zu spüren. Wir stopfen häufig das Essen in uns hinein, wissen aber nicht mehr zu schätzen, wie wunderbar eine Scheibe frisch gebackenes Brot mit Butter schmecken kann.

Erst wenn wir zur Ruhe finden, die vielen Ablenkungen ausschalten und uns wieder auf uns selbst konzentrieren, gelingt es uns, zu genießen und unsere innere Stimme zu hören. Wir benötigen Ruhe, um das positive Echo, das das Schöne im Leben in uns auslöst, wahrnehmen und im Moment leben zu können.

Erlangen wir unsere Genussfähigkeit wieder, erfreuen wir uns an einer kühlen Morgenluft, an dem Zwitschern der Vögel oder daran, einfach einmal Zeit zum Nichtstun zu haben! Dann leben wir wieder im Moment, wir spüren uns selbst atmen, schalten die Ablenkungen aus und sind bei uns selbst. Wenn wir essen, dann essen wir, wenn wir sprechen, sprechen wir, und wenn wir schlafen, schlafen wir.

Es ist kein Zufall, dass der Sabbat im jüdischen und der Sonntag im christlichen Glauben einen hohen Stellenwert haben. Nachdem Gott in sechs Tagen die Welt erschuf, ruhte er am siebten. Es heißt, dass er ansah, was er geschaffen hatte, und zu dem Ergebnis kam: „Siehe, es war sehr gut." Dem Schöpfergott gleich, ist es auch für uns höchstes Glück, wenn wir uns an dem, was wir geschaffen haben, erfreuen und die reichen Früchte unserer Arbeit genießen können. Wir bestaunen die Schöpfung und sind stolz auf unserer Hände Arbeit. Und wir bestaunen uns selbst als Teil dieser Schöpfung. Wir erkennen unsere Leistung an und erfreuen uns an dem Ergebnis. Wir erleben das Schöne des Lebens bewusst, was uns zu tiefer Dankbarkeit führt. Es ist ein Segen, die glücklichen und die schönen Seiten des Lebens genießen zu können.

Gehören Sie zu den Menschen, die innerlich unter Strom stehen, sehr aktiv sind und denen es schwerfällt, auf die Bremse zu treten? Dann können Ihnen folgende Ratschläge weiterhelfen:

Gönnen Sie sich medienfreie Feierabende, Wochenenden und Urlaube. Schalten Sie dann sämtliche elektronischen Medien aus. Kein Handy, kein Computer, kein Fernsehen, kein Radio.

Nehmen Sie sich mindestens 20 Minuten Zeit, in denen Sie sich in einen bequemen Sessel setzen und nichts tun. Zumindest von außen betrachtet tun Sie nichts, Ihr Gehirn wird dennoch auf Hochtouren arbeiten. Alle elektronischen Medien sind ausgeschaltet. Stattdessen hören Sie sich selbst zu. Ihre Gedanken haben Ihnen genug zu erzählen. Oft gehen Sie zunächst kreuz und quer. Ein Gedankenstrang fängt an, springt plötzlich in einen anderen über, der sich ebenfalls leicht ablenken lässt. Das darf so sein, gehen Sie geduldig mit sich selbst um.

Viele Menschen verspüren einen ansteigenden inneren Druck, wenn sie sich ruhig hinsetzen. Halten Sie diesen Druck aus, lassen Sie ihn zu. Wenn Sie lange genug sitzen, werden Sie feststellen, dass der Druck ab einem bestimmten Zeitpunkt nachlässt und dann tatsächlich Ruhe einkehrt.

Kommen Ihnen während einer solchen Ruhephase Gedanken, dass Sie etwas Wichtiges vergessen haben, dann legen Sie einen Notizzettel oder Ihr Tagebuch neben sich und halten alles schriftlich fest, damit Sie es innerlich loslassen können. Denn geschrieben geht der Gedanke nicht verloren.

Gelingt es Ihnen nicht, 20 Minuten der Stille auszuhalten, nehmen Sie Ihr Tagebuch zur Hand und schreiben alle Gedanken auf, so, wie sie in Ihnen aufsteigen. Schreiben Sie ein Gedankenprotokoll, es darf ruhig kreuz und quer gehen! Später werden Sie entdecken, dass sich hier wichtige Themen verstecken, die deutlicher werden, je länger Sie Ihren Gedanken freien Lauf lassen.

Andere Möglichkeiten, das „Stillsein" zu trainieren, sind allmählich gesteigerte Zeiten der Ruhe von fünf, zehn oder 15 Minuten, bis Sie 20 Minuten erreichen. Manchmal ist es nötig, streng mit sich umzugehen, auf die Uhr zu schauen und zu sich selbst zu sagen: „Du bleibst jetzt so lange hier sitzen, bis die Zeit vergangen ist, das schaffst du schon!"

Haben Sie einen Beruf mit intensiver Kopfarbeit und wenig körperlicher Bewegung, kann auch ein Waldspaziergang *allein* hilfreich sein. Viele Menschen können ihre Gedanken auch sortieren, wenn sie im Wald joggen, selbstverständlich ohne Musik im Ohr.

Widersetzen Sie sich Ihrem Arbeitgeber, wenn er verlangt, dass Sie übers Handy in Ihrer freien Zeit erreichbar sein sollen. Mit Beginn des Feierabends gehören die elektronischen Kommunikationsmedien ausgeschaltet. Lesen Sie keine E-Mails während Ihres Urlaubs. Diese nur fünf Minuten durchzuschauen bindet Sie innerlich über Stunden an Ihre Arbeit. Unwichtige Mails hätten Sie sowieso nicht lesen müssen, wichtige Mails haben zur Folge, dass Sie über sie nachdenken, wodurch Ihr Urlaub unterbrochen wird. Sorgen Sie lieber dafür, dass Sie während Ihres Urlaubs einen kompetenten Vertreter haben. Richtig erholt und entspannt sind Sie dann, wenn Sie am Ende Ihres Urlaubs überlegen, wo Sie am Montagmorgen hinfahren müssen.

Helfen Ihnen diese Tipps nicht weiter, könnten Sie überlegen, einmal für zwei Wochen in ein Kloster zu gehen.

Praxistipp

Zur Ruhe finden

1. Gönnen Sie sich medienfreie Feierabende, Wochenenden und Urlaube.
2. Setzen Sie sich 20 Minuten lang ruhig hin und hören Sie sich selbst zu.
3. Halten Sie dabei wichtige Gedanken schriftlich fest, um loslassen zu können.
4. Werden Sie unruhig, schreiben Sie ein Gedankenprotokoll.
5. Üben Sie eine sitzende Tätigkeit aus, unternehmen Sie alleine einen Waldspaziergang.
6. Weigern Sie sich gegenüber Ihrem Arbeitgeber, in Ihrer freien Zeit per Handy erreichbar zu sein oder im Urlaub Ihre E-Mails zu checken.
7. Denken Sie darüber nach, gegebenenfalls für zwei Wochen in ein Kloster zu gehen.

KAPITEL 8

Nächstenliebe gelingt nur mit Selbstliebe

Haben wir zur Ruhe gefunden und nach sorgfältiger Abwägung die Entscheidung getroffen, uns selbst zu lieben, kommt uns die Aufgabe zu, für uns zu sorgen. Kein Mensch kennt uns so gut wie wir selbst. Kein Mensch auf dieser Welt hat dieselben Gefühle wie wir. Keiner weiß so gut wie wir, wie unsere Bedürfnisse, unsere Wünsche und unsere Ziele ausschauen. Sicherlich weiß unser Partner viel von uns. Er ist uns aber nicht so nahe, wie wir selbst es sind. Was sich in uns regt, wissen nur wir. Unsere Gefühle haben nur wir. Deshalb können wir selbst am besten für uns sorgen.

Seinen Nächsten zu lieben heißt, ihm Gutes zu tun. Sich selbst zu lieben heißt, sich Gutes zu tun. Das ist kein Widerspruch, sondern eine gegenseitige Ergänzung. Wenn man dazu beiträgt, dass es der eigenen Familie gut geht, geht es auch einem selbst gut. Selbstliebe führt zur Nächstenliebe.

Letzten Endes tun wir alles, was wir tun, zum überwiegenden Teil für uns selbst. Wenn wir unseren Partner lieben und ihm Gutes tun, tun wir es auch für uns. Wenn er fröhlich ist, freuen wir uns mit. Wenn wir in die Erziehung und Bildung unserer Kinder investieren, tun wir es nicht nur für sie, sondern weil es uns wichtig ist, gute Eltern zu sein. Wir möchten morgens in den Spiegel schauen und sagen können, dass wir alles für das Wohl unserer Kinder tun. Davon profitieren unsere Kinder, und wir sind stolz auf sie und mit uns zufrieden. Uns selbst zu lieben heißt, uns selbst zu respektieren und zu achten, was in der Folge immer zu Nächstenliebe führt.

Nächstenliebe kann Selbstliebe nicht ersetzen

Sich selbst zu lieben heißt auch, die eigenen Grenzen und Schwächen bewusst zu akzeptieren. Möglicherweise ist es dann notwendig, wenn man beispielsweise erschöpft ist, anderen nicht zur Verfügung zu stehen, sondern sich abzugrenzen oder herauszuziehen, um sich zu schützen. Nur Sie können die Verantwortung für sich übernehmen. Wenn Sie merken, dass Sie Ihre Leistungsgrenzen erreichen, können nur Sie sich den schützenden Rahmen schaffen, den Sie zur Erholung benötigen. Verlassen Sie sich in dieser Frage auf andere, sind Katastrophen vorprogrammiert. Keiner erlebt Sie, wie Sie es tun. Ein anderer kann nicht an Ihrer Stirn ablesen, wie es Ihnen geht. Mindestens ist es notwendig mitzuteilen, dass Sie keine Kraft mehr haben, damit Sie Unterstützung empfangen können. Oder Sie helfen sich selbst.

Außer uns ist kein anderer Mensch für unser Glück verantwortlich. Unser Partner kann uns nicht glücklich machen. Sicherlich kann er zu unserem Glück in erheblichem Maße beitragen. Es liegt aber an uns, das Leben zu bejahen, uns selbst zu bejahen, für uns zu sorgen, uns Gutes zu tun und auf uns zu achten. Eine glückliche Partnerschaft ist sicherlich eine wundervolle Bereicherung. Wenn wir aber nicht die Fähigkeit besitzen, uns darauf einzulassen, geliebt zu werden, weil wir uns selbst nicht lieben und bejahen, wird uns auch ein perfekter Partner, sofern es ihn denn gäbe, nicht glücklich machen können.

Wenn wir keinen Partner haben, liegt es genauso an uns, uns zu lieben und für uns zu sorgen. Je glücklicher und zufriedener wir sind, umso attraktiver werden wir, und damit steigt die Wahrscheinlichkeit, einen Partner zu finden.

Sie sind für Ihr Glück verantwortlich. Das ist keine Belastung, sondern eine Freiheit, ein Geschenk. Sie müssen nicht warten, dass das Glück vom Himmel fällt. Sie selbst halten den Schlüssel in der Hand. Sie gestalten Ihr Leben. Das kann Ihnen keiner abnehmen. Und niemand kann Ihnen das Glück nehmen, das Sie verspüren, wenn Sie aus tiefstem Herzen Ja zu sich sagen.

Niemand kann Sie davon abhalten, für sich selbst zu sorgen, sich Gutes zu tun, sich zu verwöhnen. Wenn Sie Ihre Gedanken wahrnehmen und achten, wenn Sie aufmerksam mit Ihren Gefühlen umgehen und sie respektieren, wenn Sie sich für Ihre Wünsche einsetzen und Ihre Werte respektieren, also sich selbst, kann Ihnen das kein Mensch abspenstig machen.

Selbstliebe erfordert bisweilen klare Abgrenzung

Oft genug haben die Menschen, die uns umgeben, andere Bedürfnisse als wir. Wenn wir uns selbst wahrnehmen, haben wir die Möglichkeit, unsere Empfindungen zu respektieren und verantwortlich mit ihnen umzugehen. In der Konsequenz verhalten wir uns dann zu unserem Wohle, was unser Gegenüber auch schon mal als unangenehm erleben kann.

Antonia: Kein Handeln entgegen eigenen Wertvorstellungen

Es kommt ein Mitarbeiter auf Antonia zu, der sie in vertraulichem Ton anredet: Er möchte etwas über einen Kollegen mitteilen, was Antonia aber bloß nicht weitersagen soll. Es steigt ein ungutes Gefühl in ihr auf. Zu oft ist sie in der Vergangenheit in solche Fallen getappt. Warum sollte sie Informationen aufnehmen, die vermutlich recht kritisch ausfallen, wenn sie sie in ihrer Arbeit nicht weiter berücksichtigen darf?

Antonia spürt, dass sie sich auf diese Vereinbarung nicht einlassen will. Deshalb entgegnet sie dem Mitarbeiter, dass sie selbstverständlich alles weitersagen wird, was sie hört, um die Situation zu klären. Diese Reak-

tion ist nur möglich, weil sie ihre Gefühle wahrnimmt und ihre Wertvorstellungen respektiert. Sie weiß, wenn dieses mit Unbehagen und warnendem Charakter behaftete Gefühl in ihr aufsteigt, dass sie sofort hellwach und aufmerksam sein sollte, weil hier gerade etwas passiert, was ihr zum Nachteil gereichen könnte. Würde sie dem Mitarbeiter Verschwiegenheit zusagen und würde dieser Kritik an einem Kollegen äußern, hätte er ihr eine Last auf die Schultern gelegt, die sie nicht mehr losbekommen würde. Denn er hätte ihr die zur Klärung des Problems notwendige Offenheit mit der Zusage der Verschwiegenheit abgeschnitten.

Da Antonia in ihrem Wertesystem vorgesehen hat, Kritikpunkte immer mit den Betroffenen direkt zu besprechen, lässt sie sich auf kein Schweigegelübde ein. Nur wenn ihr die Bedeutung ihrer Gefühlsregungen in dem Moment, in dem der Mitarbeiter um Verschwiegenheit bittet, bewusst wird und sie ihr Wertesystem kennt, kann Antonia in einer solchen Situation unmittelbar reagieren. Nur sie kann dann für sich sorgen, was sie auch tut.

Wenn wir auf ein Gefühl des Unbehagens nicht reagieren oder es verdrängen, weil wir es anderen recht machen wollen, gehen wir mit unserem Gefühl respektlos um. Haben wir uns für Selbstliebe entschieden, ertragen wir keine Respektlosigkeiten mehr. Wir verbiegen uns nicht mehr, um es anderen recht zu machen. Vielmehr hören wir auf unser Befinden und nehmen unsere Wertmaßstäbe ernst. Verhalten wir uns dann in einer Form, die dem anderen unangenehm ist, tun wir es immer mit respektvoller Haltung, aber konsequent. Wir haben uns für uns selbst entschieden.

KAPITEL 9

Je mehr wir verstehen, desto leichter wächst Respekt

Jeder Mensch ist wertvoll, jeder Mensch verdient Respekt. Wir achten unseren Nächsten, wir achten uns selbst. Leider sind wir in der Realität häufig Respektlosigkeiten ausgesetzt und zollen auch unserem Nächsten und uns selbst nicht so viel Respekt, wie es angemessen wäre.

Zu meiner Schulzeit werteten wir als Schüler ständig Lehrer oder Mitschüler ab, die uns nicht passten. Wir waren Meister der beißenden Witze, des Einstreuens von Gemeinheiten und Abwertungen, verpackt in beiläufige Bemerkungen, die ganz tief treffen konnten.

In der Erwachsenenwelt finden wir solche Verhaltensweisen ebenso. Das ständige Gemeckere über die anderen, die dies und das und jenes nicht richtig machen. Immer davon ausgehend, dass wir den Durchblick haben. Ohne etwas Genaueres zu wissen, verurteilen wir andere und fühlen uns dadurch erhaben. Dabei haben wir noch gar nicht verstanden geschweige denn nachgefragt, warum der andere tut, was er tut.

Aber wagen Sie es einmal, tatsächlich auf die Person zuzugehen, über die Sie zuvor gelästert haben! Bringen Sie den Mut auf, sie auf den konkreten Punkt anzusprechen! Sie werden viele Überraschungen erleben. Sie werden lernen, dieselbe Situation von einer anderen Perspektive aus zu betrachten, und merken, dass der Betroffene vielleicht gute Gründe dafür hat, sich so zu verhalten. Je mehr wir verstehen, desto weniger Anlass gibt es, respektlos zu sein. Respektlosigkeit erwächst meist aus Ahnungslosigkeit.

Wir können uns dafür entscheiden, grundsätzlich jedem Menschen mit Respekt zu begegnen. Möglicherweise wird es auch Menschen geben, vor denen wir den Respekt verlieren, je näher wir sie kennenlernen. Wider Erwarten wird diese Situation aber nur selten eintreten. Denn je mehr wir von unserem Mitmenschen wissen, je vertrauter wir uns ihn machen, desto besser gelingt es uns, sein Verhalten, seine Sorgen und seine Freude nachzuvollziehen. Wenn wir uns dafür entscheiden, unseren Nächsten mit einer respektvollen, nicht wertenden Grundhaltung zu begegnen, zahlen wir einen Preis dafür. Und zwar den, dass wir uns der Möglichkeit entledigen, unser Selbstwertgefühl durch die unterstellte Dummheit des anderen vermeintlich aufzuwerten.

Wenn man es wirklich ernst meint mit dem Respekt, ist dieser Verlust nicht schlimm. Denn Respekt fängt immer bei der eigenen Person an. Es ist genauso wie mit der Liebe. Wenn man sich selbst nicht liebt, wird es einem auch mit dem Nächsten nicht gelingen. Wenn man sich selbst nicht mit Respekt begegnet, wie sollte man eine wertschätzende, unvoreingenommene Haltung seinem Nächsten gegenüber einnehmen können?

Wir verdienen Respekt

Sich selbst zu respektieren bedeutet, jedes Gefühl, jeden Gedanken und jede Regung in sich wahrzunehmen und als etwas Wunderbares anzunehmen. Das fällt uns schwer. Wie oft haben wir in der Kindheit nicht die Aufmerksamkeit bekommen, die wir uns gewünscht haben? Wie oft haben wir den Eindruck gehabt, nicht ernst genommen zu werden? Wie oft haben wir erlebt, dass unsere Leistung nicht angemessen gewürdigt wurde? Wie oft wurden wir für die Interessen der Erwachsenen benutzt und missbraucht? Das hinterlässt tiefe Spuren.

Wir haben uns mit bedingungsloser Liebe befasst. Ein Baby wird bedingungslos geliebt. Wenn es so läuft, wie es laufen sollte, lieben Eltern ihre Kinder immer bedingungslos, in Kindheit, in der Jugend und als Erwachsene. Trotz aller Streitigkeiten, die aufkommen können, bleibt immer diese Ebene: „Wir stehen immer zu dir, egal, was passiert."

Genauso, wie jedem Menschen bedingungslose Liebe zusteht, schlichtweg weil er existiert, so verdient auch jeder Mensch Respekt. Das schließt seine Gedanken und Gefühle selbstverständlich mit ein. Auf Ihre Person übertragen bedeutet das, dass jeder Gedanke, den Sie denken, und jedes Gefühl, das Sie fühlen, ein Recht darauf haben, ernst genommen und respektiert zu werden, einfach weil sie da sind. Weil Sie im wahrsten Sinne des Wortes ein liebenswürdiger Mensch sind. Jeder Ihrer Gedanken hat das Recht, zunächst einmal bedingungslos wahrgenommen und respektiert zu werden. Jeder Impuls ist es wert, gespürt zu werden.

Wenn wir uns dafür entscheiden, uns selbst zu respektieren, dann tun wir dies, weil wir Menschen und deshalb wertvoll sind. Mit Selbstrespekt ist aber nicht gemeint, dass wir uns über andere Menschen stellen. Wenn wir ein Gefühl wahrnehmen oder einen inneren Impuls spüren, muss dies selbstverständlich nicht zu einer automatischen Reaktion führen. Wenn ich das Gefühl habe, ich könnte laut schreien, muss ich es ja nicht tun. Nur weil wir einen Impuls spüren oder einen Gedanken denken, handelt es sich nicht zwangsläufig um die Wahrheit oder die Lösung unseres Problems. Es heißt nur, dass wir den Gedanken als wertvoll erachten und respektieren. In einem zweiten Schritt überprüfen wir, ob er uns bei der Lösung unseres Problems behilflich sein kann. Alles, was wir in uns finden, mögen es auch die „bösen" oder dunklen Anteile sein, respektieren wir.

Der Impuls, laut zu schreien, kann in der einen Situation förderlich sein, in einer anderen wäre er ausgesprochen unpassend. Wichtig ist dieser Impuls in jedem Fall, um dann mit möglichst kühlem Kopf zu überlegen, welches Verhalten am ehesten zielführend ist.

Selbstrespekt klärt und verbessert unsere Beziehungen

Wir kennen Situationen, in denen wir merken, dass wir benachteiligt werden, oder uns schlecht behandelt fühlen. In uns steigt ein warnendes Gefühl auf. Leider nehmen wir das oft nicht so ernst, wie wir es eigentlich tun sollten. „Ach, ist doch nicht so wichtig“, denken wir und versuchen, dieses Gefühl zu verdrängen. Wie viele Witze auf unsere Kosten hören wir uns täglich an? Wie viele Menschen leben in einer Partnerschaft, von der sie denken, sie könnte eigentlich besser laufen? Wenn wir das einfach nur hinnehmen, begegnen wir uns selbst mit Respektlosigkeit.

Wenn Sie in Ihrer Partnerschaft respektlos behandelt werden, dann ist es Ihre Aufgabe, die Situation so zu verändern, dass der Respekt in Ihre Beziehung zurückkehrt. Gelingt es trotz aller Anstrengungen nicht, ein respektvolles Miteinander herbeizuführen, sollten Sie die notwendigen Konsequenzen ziehen. Auf die Achtung und den Respekt Ihres Partners Ihnen gegenüber sollten Sie niemals verzichten. Entweder es gelingt Ihnen, wieder eine Basis des gegenseitigen Respekts herzustellen, oder Sie sollten sich trennen, wenn Sie keine Möglichkeit mehr sehen, zu einem respektvollen Umgang zu gelangen. Geben Sie sich nicht mit einer zweit- oder drittklassigen Lösung zufrieden, die auf Ihre Kosten geht. Sie wollen das Beste für sich und Ihren Nächsten.

Für unsere Partnerschaft und die Beziehung zu unseren Freunden bedeutet dies, dass wir unser Bestes tun. Wir verzichten auf zweideutige Witze, herablassende und abwertende Bemerkungen. Keine doppelbödigen Botschaften mehr. Für unsere Beziehungen gilt die Grundhaltung Lob, Anerkennung, Achtung und Respekt. Wenn es Situationen gibt, die uns missfallen, dann üben wir Kritik. Klar, sachlich, möglichst unmittelbar und wohlwollend.

Wir haben keinerlei Interesse daran, unser Gegenüber herunterzuziehen oder zu demotivieren. Sondern wir tragen unseren Teil dazu bei, dass wir eine gemeinsame Lösung finden, dass wir uns gegenseitig zur Seite stehen und stärken. Unser Respekt ihm gegenüber hilft ihm, glücklich zu sein. Je glücklicher er ist, desto glücklicher sind wir in unserer Beziehung zu ihm. Aber einen respektlosen Umgang auf Dauer werden wir niemals akzeptieren.

Maren: Selbstrespekt hilft zu überleben

Maren ist eine Frau, die mit allen ihr zur Verfügung stehenden Kräften um Selbstrespekt kämpft. Sie wächst unter katastrophalen Bedingungen in ihrem Elternhaus auf und flüchtet in jungen Jahren in eine Ehe. Ihr Ehemann ist ein galanter Mann mit großem Ansehen als Schlagersänger. Für sein Image ist es ihm ausgesprochen wichtig, nach außen eine heile Familienwelt vorzuweisen. In der ehelichen Beziehung stehen die Aktivitäten des Ehemanns immer im Vordergrund. Hauptsache, Maren funktioniert.

Versucht sie, sich in bestimmten unangenehmen Bereichen zur Wehr zu setzen, straft er sie mit Liebesentzug. Wochenlang spricht er kein Wort mit ihr. Bis Maren schließlich klein beigibt. In allen Konflikten setzt sich ihr Mann früher oder später durch. Sie hat den Mund zu halten und zu funktionieren. Es interessiert ihn nicht, wie es ihr ergeht. Keiner nimmt Notiz davon, dass sie sich zutiefst einsam und ohnmächtig fühlt. An der Situation ändern auch mehrere Selbsttötungsversuche nichts. Schließlich entdeckt Maren den Alkohol für sich. Der Einzige, der sie versteht und tröstet.

Ich lerne Maren kennen, als sie als Patientin zum Alkoholentzug in unserer Klinik aufgenommen wird. Zu diesem Zeitpunkt ist ihr Mann bereits aus dem gemeinsamen Haus ausgezogen. Immerhin ist es Maren mithilfe des Alkohols gelungen, sich so heftig mit ihrem Mann zu streiten, dass dieser sich eine Freundin gesucht hat, mit der er nun zusammenlebt. Damit ist die Geschichte aber noch nicht zu Ende. Es folgt ein erbitterter Scheidungskrieg. Ihr Mann lässt keine Gelegenheit aus, ihr immer wieder Steine in den Weg zu legen. Obwohl er unterhaltspflichtig ist, zahlt er oft nicht oder zu wenig, was Maren in existenzielle Nöte treibt. Sie schafft es im weiteren Verlauf zwar, auf den Alkohol zu verzichten, wenn der Druck aber zu groß wird, drängen sich ihr Selbsttötungsimpulse auf.

Erst mit Unterstützung einer intensiven Therapie gelingt es Maren, im wahrsten Sinne des Wortes ihre Existenzberechtigung zu entdecken, was ihr das Leben rettet. Sie distanziert sich immer weiter von Selbsttötungsgedanken. In einer langwierigen Behandlung lernt sie Stück für Stück, sich selbst wahrzunehmen, anzunehmen, zu respektieren und auf ihre Gefühle zu achten. Und schließlich gelingt es ihr, was ebenso zum Überleben notwendig ist, auf ihre Rechte zu pochen und, falls notwendig, auch vor Gericht das einzufordern, was ihr zusteht. Gleichzeitig entwickelt sich durch den neu entdeckten Selbstrespekt eine neue Lebensqualität, die ihr bis dahin unbekannt gewesen ist.

Kämpfen auch Sie mit einem Mangel an Selbstrespekt, weil Sie meinen, unwichtig oder uninteressant zu sein, kann Ihnen folgendes Vorgehen helfen, Selbstrespekt aufzubauen.

Treffen Sie die Entscheidung, sich selbst als liebenswerten Menschen anzuerkennen. Alle Menschen haben Stärken und Schwächen, und alle Menschen verdienen Respekt. Auch Sie. Schätzen Sie andere nicht als wertvoller als Sie selbst ein, sondern stellen Sie sich auf *eine* Ebene mit Ihren Mitmenschen. Alle kochen nur mit Wasser. Jeder Mensch, Sie eingeschlossen, ist liebenswert, schon allein, weil er existiert. Sie respektieren Ihre Mitmenschen, also verdienen auch Sie Respekt. Sie können mit Ihrem Verstand auf der rationalen Ebene entscheiden, dass Sie ein zu respektierender Mensch sind. Das ist wichtig und notwendig. Lassen Sie sich nicht davon irritieren, wenn Sie das noch nicht fühlen können. Gefühle sind träge und verändern sich nur langsam. Gefühle, die sich durch Lebenserfahrungen tief in uns verfestigt haben, lassen sich nicht von jetzt auf gleich umpolen. Entscheidend ist, dass Sie für sich beschließen, sich selbst als wertvollen Menschen zu respektieren. Dies können Sie gleich hier auf der Stelle tun. Sie können sich auf der Verstandesebene jederzeit für Selbstrespekt entscheiden, unabhängig davon, ob Sie das in dem Moment fühlen können.

Glauben Sie an Gott, kann Ihnen folgender Gedankengang weiterhelfen: Als Gott die Welt schuf, war er stolz auf sein Werk. Noch vor dem Sündenfall heißt es: Und Gott sah *alles*, was er gemacht hatte, und siehe, es war sehr gut (1. Mose 1,31). Laut dem Schöpfungsbericht sind wir grundsätzlich als etwas Gutes geschaffen. Deshalb sind Sie wertvoll, weil Gott Sie als etwas grundsätzlich Gutes gemacht hat, trotz aller Verfehlungen, die später gefolgt sind. Primär sind Sie wertvoll. Lassen Sie diesen Gedanken in Ihrem Gebet und in Ihrer Meditation viel Raum. Schauen Sie auf sich selbst und machen Sie den Satz zu Ihrem Lebensmotto: „Und siehe, es war sehr gut." Als Geschöpf Gottes sind Sie etwas Wunderbares und Wertvolles.

Haben Sie die Entscheidung getroffen, sich als wertvollen Menschen anzuerkennen und zu respektieren, gehen Sie mit sich selbst entsprechend um: Kennen Sie einen Menschen, vor dem Sie ein hohes Maß an Achtung haben? Wie gehen Sie mit ihm um? Beschreiben Sie es! Nehmen Sie Ihr Tagebuch zur Hand.

Gehen Sie genauso mit sich selbst um. Jeder Gedanke, der Ihnen in den Kopf kommt, ist ein wertvoller Gedanke. Behandeln Sie ihn mit Respekt. Er ist es wert, ernst genommen und geprüft zu werden.

Haben Sie schon einmal an einer Arbeitssitzung teilgenommen, bei der Brainstorming durchgeführt wurde? Dort wird zur Lösung eines Problems alles gesammelt, was die Teilnehmer an

Gedanken in den Raum werfen, ohne dass es bewertet wird. Jeder darf sagen, was ihm gerade durch den Kopf geht. Wenn alle Gedanken aufgeschrieben sind, werden sie sortiert und erst dann in Ruhe analysiert. Schon oft ist es vorgekommen, dass die Gedanken, bei deren Äußerung ein missbilligendes Raunen durch die Teilnehmergruppe gegangen ist, später zu tragenden Säulen von neuen, hoffnungsvollen Ideen und Konzepten wurden.

Gehen Sie mit sich selbst genauso um. Alles, was Sie denken, ist wertvoll. Wenn Ihnen ein „komischer" Gedanke in den Sinn kommt, bewerten Sie ihn nicht. Versuchen Sie, sich selbst zu verstehen. Worauf könnte dieser Gedanke hinweisen? Welche Ursachen hat er? Kann Ihnen dieser Gedanke eine Richtung für einen konstruktiven Weg weisen? Wenn Sie diesen Weg gehen, werden Sie feststellen, dass viele Gedanken, die Ihnen zunächst abstrus vorkommen, sich bei näherer Betrachtung als wertvoll erweisen.

Nehmen Sie von negativen und entwertenden Gedankenmustern Abschied. Identifizieren Sie jeden Gedanken mit respektlosen Inhalten, wie „Du bist nichts …", „Du kannst nichts …", „Du schaffst das nicht …" und so weiter. Verbannen Sie diese Aussagen aus Ihrem Kopf! Wenn solche Gedanken auftauchen, bezeichnen Sie sie als das, was sie sind, nämlich Lügen. Beim Auftauchen von Abwertungen in Ihrem Kopf brüllen Sie in Ihrer Vorstellung richtig laut: „Lüge!!!" Schicken Sie diese Lügen in die Wüste! Sie kennen die Wahrheit: Sie sind ein wertvoller Mensch, der zu respektieren ist! Und nur das hat eine Berechtigung.

Nehmen Sie Ihre Gefühle ernst! Jedes Gefühl hat seine Ursache, Gefühle kommen nicht aus dem Nichts. Unsere Herausforderung liegt darin, unsere Gefühle zu verstehen. Oft kommen sie uns hinderlich vor. Je genauer wir jedoch nachspüren, warum sie in uns aufsteigen, desto besser verstehen wir uns selbst. Unser Reflex, Gefühle nicht so ernst zu nehmen oder sie zu verdrängen, ist eine Form von Selbstmissachtung. Nehmen wir sie aber wahr, entwickeln wir einen besseren Zugang zu unseren Wünschen und Bedürfnissen. Diese ernst zu nehmen und zu berücksichtigen ist das Ziel von Selbstrespekt.

Hilfreich kann an dieser Stelle sein, ein „Gefühlstagebuch" zu schreiben. Sie können dann den Tag Revue passieren lassen und von Situation zu Situation Ihre Gefühle beschreiben. Wenn diese notiert sind, können Sie sie analysieren und schauen, welche Wünsche und Bedürfnisse dahinterstehen. Diese bewerten Sie nicht, sondern nehmen sie an, wie sie sind. Vielleicht erschrecken Sie geradezu über Gedanken, die in Ihnen aufsteigen. Lassen Sie sie unkommentiert stehen. Wenn sie da sind, sind sie da. Gehen Sie gelassen mit ihnen um. Mit der Zeit verstehen Sie sich immer besser. Je offener der Zugang zu Ihren Wünschen und Bedürfnissen wird und je besser Sie Ihre innere Motivation für Handlungen erkennen können, desto mehr wächst der Respekt vor sich selbst.

Selbstrespekt hat sich schließlich in *Taten* auszudrücken. Wenn Sie Selbstrespekt auf der Gefühlsebene nicht nachempfinden können, dann tun Sie etwas, das Ihren Respekt vor sich selbst symbolisiert! Achten Sie auf Ihr Äußeres, kleiden Sie sich elegant, gönnen Sie sich ein vorzügliches Essen, räumen Sie Ihre Wohnung auf, richten Sie sie geschmackvoll ein! Wählen Sie eine Aktion aus, die Ihren Ausdruck von Selbstrespekt repräsentiert!

Haben Sie einen Zugang zu Ihren Gefühlen und somit auch zu Ihren Wünschen und Bedürfnissen entwickelt, stellt sich die Frage, was Sie tun können, um Ihren Bedürfnissen gerecht zu werden. Wenn sich Selbstrespekt nicht auch durch Handlungen ausdrückt, wird er klein bleiben. Respektieren Sie Ihre Wünsche und Bedürfnisse, und wenn es etwas zu ändern gibt, verändern Sie es tatkräftig!

Dies ist übrigens eine Aufgabe, die Sie zeitlebens begleiten wird. Alle Menschen mit einem gesunden Selbstrespekt fragen sich: Was brauche ich? Was will ich? Was ist mir wichtig und wertvoll? Das läuft nach einiger Zeit völlig automatisch und unbewusst ab. Vielen Menschen mit einem ausgeprägten Selbstwerterleben ist es wahrscheinlich gar nicht bewusst, dass sie so funktionieren. Also, machen Sie sich auf den Weg, sorgen Sie für sich! Die ersten Schritte werden mühsam sein, und Sie werden nur allmählich vorankommen. Mit etwas Übung merken Sie, dass es Ihnen Stück für Stück leichter fällt! Sie werden erleben, wie wohltuend es ist, sich selbst ernst zu nehmen und auf sich zu achten, also sich selbst als wertvollem Menschen zu begegnen!

Praxistipp

Selbstrespekt aufbauen

1. Treffen Sie die Entscheidung, sich selbst als liebenswerten Menschen anzuerkennen.
2. Glauben Sie an Gott, erinnern Sie sich immer wieder daran: Als Geschöpf Gottes sind Sie etwas Wunderbares und Wertvolles.
3. Haben Sie die Entscheidung getroffen, sich als wertvollen Menschen anzuerkennen, gehen Sie mit sich selbst entsprechend um: Respektieren Sie Ihre Gedanken!
4. Nehmen Sie von negativen und entwertenden Gedankenmustern Abschied.
5. Nehmen Sie Ihre Gefühle ernst!
6. Tun Sie etwas, das Ihren Respekt vor sich selbst symbolisiert!

KAPITEL 10

Im Einklang mit sich selbst sein

Je besser es uns gelingt, unsere inneren Regungen, Gedanken und Gefühle wahrzunehmen, desto eher können wir unser Verhalten so steuern, dass es mit uns selbst im Einklang steht. Wenn wir Ja sagen, meinen wir Ja. Wenn wir Nein sagen, meinen wir Nein. Wir wissen, was wir wollen, kennen unsere inneren Überzeugungen, unsere Wertvorstellungen und richten uns danach in unserem Handeln aus.

Wenn wir unsere Meinung klar äußern, dies aber eigentlich nicht erwünscht ist, führt das bisweilen zu Irritationen und Missstimmungen bei unseren Zuhörern. Möglicherweise weil wir zu schroff oder selbstherrlich wirken, vielleicht aber auch, weil unser Gegenüber es nicht gewohnt ist, von uns einen eindeutigen Standpunkt zu hören. Aber wenn Sie zu Ihrer Meinung klar und unmissverständlich stehen, macht das das Leben langfristig einfacher. Nicht nur Ihres, sondern auch das Ihrer Mitmenschen. Wenn Sie sich auf sich selbst verlassen können, wenn Sie wissen, wozu Sie stehen, und dies auch kommunizieren, wird Ihr Leben weniger kompliziert. Auch Ihre Freunde, Kollegen, Kinder und Ihr Partner wissen, an wem sie sind. Dann ist klar, was sie von Ihnen erwarten können. Und sie können sich auf das verlassen, was Sie zusagen. Was Sie nicht halten können, versprechen Sie auch nicht.

Wenn man im Einklang mit sich lebt, muss man sich nicht mehr für etwas verbiegen, was man selbst nicht will. Früher haben wir entgegen unserer inneren Überzeugung Ja gesagt, weil uns der Mut fehlte, ein Nein auszusprechen. Diese Zeiten sind nun vorbei. Im Einklang mit uns selbst respektieren wir unsere Meinung, schätzen sie wert und nehmen auf sie Rücksicht. Wir sagen Nein, auch wenn unser Gegenüber damit nicht einverstanden und vielleicht auch verärgert ist. Wenn wir von etwas überzeugt sind, stehen wir dazu. Egal, was es kostet. Damit ist nicht gemeint, um jeden Preis recht zu haben und kompromisslos zu sein, sondern zu wissen, was wir wollen, und dafür einzustehen.

Manchmal ist man jedoch gut beraten, eine klare Meinung bewusst nicht zu äußern, um übergeordnete Ziele zu erreichen. Wenn man zum Beispiel einen Lehrer in der Schule hat, der aus seinen kritikwürdigen Ansichten keinen Hehl macht, kann man sich mit ihm von Stunde zu Stunde streiten und in eine oppositionelle Haltung gehen. Das dient aber nicht dem Ziel, eine gute Note zu erlangen. Man weiß, was man von dem Lehrer hält. Man will ihm nicht gefallen. Und ihn auch nicht ändern. Man versucht, sich mit ihm irgendwie zu arrangieren, um das angestrebte Ziel zu erreichen, nämlich eine möglichst gute Note. Damit ist nicht Unterwerfung gemeint, sondern die Anerkennung der Tatsache, dass der Lehrer die Note gibt und man seinen Teil dazu beizutragen hat, dass man eine gute Note erhält. Es kann dann eine bewusste Entscheidung sein, die kritischen Bereiche des Lehrers zu ertragen, weil man das Ziel einer guten Note höher berwertet als die Auseinandersetzung mit dem Lehrer

Die eigenen empfindlichen Seiten kennen

In Konfliktsituationen ist es wertvoll, unsere inneren Fallen zu kennen. Zum Beispiel Situationen, in denen wir leicht reizbar sind oder zu heftig reagieren oder in denen wir uns schmollend zurückziehen. Dann steht uns unsere eigene Verletzlichkeit im

Weg. Wir stehen in der Gefahr, in einer Weise zu reagieren, die uns zum Nachteil gereicht.

Wenn wir unsere empfindlichen Seiten aber kennen, können wir uns in Situationen, in denen Fallstricke gespannt sind, geschickter steuern. Je besser wir uns kennen, umso eher gelingt es uns, gelassen zu bleiben, wenn wir provoziert werden. Denn dann ist es uns möglich zu unterscheiden, welche inneren Regungen auf die äußere Situation oder auf einen empfindlichen Anteil von uns zurückzuführen sind. Wir können diese Ebenen voneinander trennen. Das eine ist die auslösende Situation, vielleicht hat jemand tatsächlich versucht, uns zu verletzen. Vielleicht ist es aber auch nur eine ungeschickte Bemerkung gewesen, die Verletzungen in uns reaktivierte, die wir früher erlebt haben, mit denen aber unser gegenwärtiges Gegenüber nichts zu tun hat. Wenn wir uns dann verletzt fühlen, wissen wir, dass unser Gegenüber Seiten in uns zum Schwingen gebracht hat, die ursprünglich eigentlich nichts mit ihm zu tun haben. Im Einklang mit uns selbst zu sein heißt, unsere empfindsamen und verletzlichen Seiten gut zu kennen.

Haben Sie beispielsweise Ihren Vater als entwertend erlebt, werden Sie gereizt reagieren, wenn ein anderer Sie in einem (möglicherweise gar nicht so gemeinten) entwertenden Ton anspricht. In diesem Moment fühlen Sie sich an die tief liegenden Kränkungen erinnert, die von Ihrem Vater ausgelöst wurden. Sind Ihnen diese Zusammenhänge bewusst, können Sie erkennen, dass Ihr Gegenüber nicht Ihr Vater ist. Entsprechend können Sie gelassen reagieren, da es in dieser Situation überhaupt nicht um die väterliche Beziehung geht. Sind Ihnen diese Zusammenhänge klar, wird es Ihnen viel leichter gelingen, eine angemessene Reaktion zu zeigen und nicht über das Ziel hinauszuschießen.

Dabei ist es immer unser Anliegen, unser inneres Erleben und unser Verhalten in Einklang zu bringen. Unsere Ziele und unsere Werte steuern unser Handeln. Das, was wir nach außen kommunizieren, ist auch tatsächlich so gemeint. Unser Wort zählt. Wenn wir unsicher sind, kommunizieren wir, dass wir unsicher sind. Und in Situationen, in denen es uns zum Nachteil gereichen könnte, die Unsicherheit preiszugeben, halten wir uns bewusst bedeckt, um uns nicht zu schaden. Unser Selbstrespekt erfordert, dass wir uns nicht leichtfertig in die Schusslinie begeben. Beispielsweise wenn es in Ihrem beruflichen Umfeld Menschen gibt, die Ihnen den Erfolg neiden. Manche von ihnen werden nicht davor zurückschrecken, Ihre Schwachstellen zu ihren Gunsten auszunutzen, also sind Sie gut beraten, in belasteten Arbeitsbeziehungen erst gar keine Angriffspunkte zu zeigen.

Zu uns selbst zu stehen kann auch bedeuten, zu schweigen und Geheimnisse zu hüten. Wenn wir über schützenswertes Wissen verfügen, halten wir den Mund und stehen zu dem, was es zu schützen gilt. Wir versprechen nie, was wir nicht halten können. Das bedeutet, dass wir dreimal überlegen, bevor wir irgendetwas versprechen. Wenn wir aber ein Versprechen geben, stehen wir hundertprozentig dazu.

Das befreit. Wir benötigen keine doppelte Buchführung mehr. In aller Regel verzichten wir auf Lügen. Denn diese zwingen uns dazu, ständig zu überlegen, wann wir wem welche Version derselben Geschichte erzählt haben. Das macht das Leben unnötig kompliziert. Wenn wir Ja zu uns sagen, uns respektieren, zu uns stehen, müssen wir keinen anderen mehr belügen, beschwatzen oder manipulieren. Wir wissen, was wir wollen, kennen unsere Freiheit und gestehen auch jedem anderen seine Freiheit zu. Wenn wir uns einigen und einen gemeinsamen Weg gehen, ist das wunderbar. Ist es nicht der Fall, respektieren wir unsere unterschiedlichen Auffassungen, finden einen Kompromiss oder gehen in Respekt auseinander.

Im Einklang mit sich selbst benötigen Sie keinen doppelten Boden mehr. Sie sind klar nach innen und nach außen, sind berechenbar und eindeutig. Dadurch wird das Leben langfristig einfacher, aber keineswegs langweilig. Denn Sie haben zahlreiche Aufgaben in Ihrem Leben, die viel Kraft und Energie benötigen. Sparen Sie Ihre Kräfte dafür auf und setzen Sie sie gezielt ein, um sich weiterzuentwickeln und zu einem Segen für sich und Ihre Nächsten zu werden.

Verena: Sich selbst aktiv abgrenzen

Verena leidet sehr unter ihrer neuen Nachbarin. Die Frau redet ohne Punkt und Komma, während Verena ruhigere Menschen bevorzugt. Die Nachbarin grillt mit Freude, Verena ärgert sich über den Qualm, der in ihr Schlafzimmer zieht. Geht sie um Mitternacht erschöpft zu Bett, hört sie ihre Nachbarn, wie sie sich noch stundenlang lautstark auf der Terrasse unterhalten. Verena kommt nicht zur Ruhe, macht in der Nacht kaum ein Auge zu, und der innere Groll schwillt an.

Wenn Verena ihr Haus verlässt, schleicht sie sich hinaus, um von ihrer Nachbarin nicht entdeckt zu werden. Denn sobald sie in ihr Sichtfeld tritt, drängt diese ihr ein Gespräch auf, was sie nicht möchte. Es interessiert sie nicht, all die Klatschgeschichten über die Nachbarn zu hören. Verena versucht es mit Höflichkeit, sie möchte ja niemandem wehtun. Aber die Geschichten scheinen kein Ende zu nehmen, immer fällt der Nachbarin noch etwas Neues ein.

Als sie dann auch noch anfängt zu überlegen, wie Verena ihren Garten gestalten soll, zum Beispiel die „hässliche Hecke" entfernen und die Büsche weiter zurückschneiden, reicht es Verena. Sie hält es einfach nicht mehr aus.

Im Gespräch mit mir äußert sie die Überlegung, auszuziehen und das Haus zu verkaufen. Sie lebt schon seit 30 Jahren dort, hat auch immer gerne dort gewohnt, aber die neue Nachbarin macht ihr das Leben zur

Hölle. Verena berichtet mir sehr ausführlich, „wie unmöglich, wie primitiv, wie ungezogen, ja fast asozial" sie ist.

Wir kommen übereinstimmend zu der Einschätzung, dass es Verena nicht gelingen wird, das Verhalten ihrer Nachbarin zu verändern. Also was tun, tatsächlich ausziehen? Mit meinem Vorschlag, dass Verena doch auch etwas an ihrem Verhalten ändern könnte, kann sie nichts anfangen. Was soll sie denn machen, Beruhigungsmittel schlucken?

Im weiteren Verlauf des Gesprächs kommen wir auf den Themenbereich der Abgrenzung und des Neinsagens zu sprechen. Verena kann nachvollziehen, dass es gut wäre, wenn sie gegenüber ihrer Nachbarin klar zum Ausdruck bringen würde, was sie möchte und wo ihre Grenzen liegen. Aber sie will ihr ja auch nicht wehtun.

Ich erläutere, dass ein Nein immer schmerzlich ist für denjenigen, dessen Wunsch nicht erfüllt wird. Das liegt in der Natur der Sache. Jedes Nein bedeutet eine Frustration, die immer mehr oder weniger schmerzhaft ist. Insofern können wir es im Umgang miteinander gar nicht vermeiden, uns gegenseitig wehzutun. Hiervon sind aber Verletzungen abzugrenzen. Die entstehen, wenn wir respektlos und entwertend miteinander umgehen. Darum geht es Verena aber nicht.

Diese Erkenntnisse wirken in Verena nach. Es gelingt ihr zu verstehen, dass ein klarer Standpunkt anderen zwar wehtun kann, aber nicht zu Verletzungen führen muss. Andererseits ist ihr bewusst, dass sie diejenige ist, die unter der gegenwärtigen Situation leidet. Es bleiben ihr nur zwei Möglichkeiten: Entweder sie nimmt die Situation hin und erträgt sie, oder sie verändert etwas.

Verena kennt ihre Wünsche und Bedürfnisse sehr genau. Sie beschließt, sie ernst zu nehmen und ihr Verhalten mit ihrem inneren Erleben in Einklang zu bringen. Sie weiß, dass sie einen „wilden" Garten lieber mag als einen gestutzten. Sie bevorzugt Gespräche über Politik und Kultur; Klatsch- und Tratschgeschichten interessieren sie nicht. Tagsüber ist sie gerne wach, nachts schläft sie lieber. Sie beschließt, dies auch gegenüber ihrer Nachbarin so zu vertreten. Als diese sie bei der nächsten Begegnung wieder abfängt und beginnt, intime Geschichten von anderen zu erzählen, unterbricht Verena sie. Sie gibt klar zu verstehen, dass sie an Geschichten aus der Nachbarschaft nicht interessiert ist und sie deswegen nicht hören möchte.

Als die Nachbarin sie zu einem anderen Zeitpunkt auf ihre Gartengestaltung anspricht, entgegnet Verena freundlich, aber bestimmt, dass sie ihren Garten genauso hält, wie es ihr gefällt. Außerdem sagt sie klipp und klar, dass sie keinen Anlass sieht, auch nur irgendetwas zu verändern. Ihre Nachbarin scheint zunächst nicht darauf einzugehen und redet weiter.

Wochen später fällt Verena auf, dass sie die Nachbarin nur noch selten vor ihrem Haus antrifft und die Gespräche deutlich kürzer geworden sind. Sie fühlt sich zu Hause wieder viel wohler.

Allerdings scheint ihre Bitte, ab Mitternacht Ruhe im Garten zu halten, wie Rauch verpufft zu sein. Unverändert unterhalten sich ihre Nachbarn auf der Terrasse lautstark bis in die Morgenstunden. Aber auch das lässt Verena nicht mehr verzweifeln. Sie ist mit ihrem Bett in ein anderes Zimmer umgezogen, das das Fenster zur ruhigen Seite hat. Perfekt ist die Situation nicht, aber von Auszug ist keine Rede mehr.

KAPITEL 11

Selbstbestimmung ist ein Schlüssel zum Glück

Verena ist es gelungen, ihr Verhalten so zu verändern, dass sie ihre eigenen Bedürfnisse berücksichtigt sieht. Als sie sich über ihre Nachbarin beklagte, beinhalteten zunächst alle Lösungsvorschläge eine Verhaltensänderung ihrer Nachbarin. Nachdem sie ihre Situation reflektiert hat, bringt sie ihre Bedürfnisse deutlich zum Ausdruck, was sie vorher vermieden hat. Da sie nicht mehr dieselbe wie vorher ist, verändert auch die Nachbarin automatisch ihr Verhalten. Verena übt zum Beispiel deutliche Kritik an dem Gerede über die Nachbarschaft, was die Nachbarin veranlasst, ihren Tratsch für sich zu behalten.

Glückliche Menschen wie Verena sind selbstbestimmte Menschen. Sie übernehmen Verantwortung für sich, sie entscheiden für sich. Sie überlassen ihr Schicksal nicht dem Zufall, sondern nehmen es in die Hand. Sie wissen, dass sie Menschen sind, die über ein „Ich" verfügen. Sie nehmen ihre eigenen Wünsche, Bedürfnisse und Gefühle wahr und gehen achtsam mit ihnen um. Sie respektieren sich selbst und setzen sich für ihre Interessen ein. Nicht aus Egoismus, sondern weil ihnen bewusst ist, dass nur sie selbst sich gut genug kennen, um zu wissen, was gut für sie ist.

Der Grad an Selbstbestimmung in unserem Leben wird in einzelnen Bereichen unterschiedlich ausgeprägt sein. Lassen wir ein hohes Maß an Fremdbestimmung zu, fühlen wir uns von außen bedrängt und eingeengt. Wir sind auf der Hut, da wir befürchten, dass uns ständig jemand etwas will. Der Nachbar, die

Politiker und das Finanzamt versuchen, über uns zu bestimmen. Die Autowerkstatt und der Elektriker ziehen uns über den Tisch! Wir klagen über Ungerechtigkeiten und unternehmen nichts, um etwas zu verändern. Wir beschweren uns über das Wetter, wir bemängeln, dass unsere Frau zu dick ist, und bringen selbst 110 Kilogramm auf die Waage. Wir maulen, dass keiner etwas für uns tut.

Fremdbestimmte Menschen wollen nicht auffallen, richten sich danach, was die Masse tut, zeigen keine Kontur und wundern sich, dass nichts in ihrem Leben passiert. Sie haben eine merkwürdige Distanz zu sich selbst. Sie scheinen nicht zu wissen, was sie wollen. Und noch tragischer, sie nehmen die Potenziale und die Fähigkeiten, die in ihnen schlummern, nicht wahr und nutzen sie nicht.

Entscheiden wir uns für Selbstbestimmung, wachen wir aus diesem Dauerschlaf auf. Wir begreifen, dass wir nirgendwo ankommen, wenn wir immer nur „Ja und Amen" sagen. Wollen wir selbstbestimmt leben, hilft es uns, zu einem bestimmten Zeitpunkt unsere Kindheit und Jugend zu reflektieren. Wir setzen uns damit auseinander, wie wir aufgewachsen sind. Denn wenn wir anfangen, unsere eigene Geschichte und die Rollen, die wir im Lauf der Zeit angenommen haben, zu überdenken und infrage zu stellen, eröffnet sich uns die Möglichkeit, eingefahrene Rollenmuster zu verlassen, eigene Ziele zu entwickeln und neue Wege einzuschlagen. Dann reagieren wir nicht länger in Rollen gepresst mit stereotypen Verhaltensmustern, sondern gestalten unser Leben unabhängig und aktiv.

Festgefahrene Rollenmuster erkennen und überwinden

Wenn Kinder aufwachsen, denken sie, dass die ganze Welt so funktioniert, wie sie es in ihrer Familie erleben. Wenn sie bestimmte Rollen einnehmen, denken sie (unbewusst), dass das ihre Rolle ist, die sie ein Leben lang bekleiden werden, weil sie nichts anderes kennen.

Wenn zum Beispiel in einer Familie regelmäßig Streit herrscht, reagieren Kinder unterschiedlich. Das älteste Kind denkt, dass in anderen Familien alles in Ordnung sei, nur bei ihm nicht. Es fühlt sich als Außenseiter, verhält sich gegenüber anderen als solcher, weshalb es in der Folge als Außenseiter behandelt wird. Das mittlere Kind versucht, die unerträgliche Familiensituation dadurch zu retten, dass es immer witzig ist und zum Clown wird. Es ist gut, wenn in der angespannten Familienatmosphäre auch mal alle lachen können. Das jüngste Kind reagiert auf die Schwierigkeiten mit „coolem Auftreten". Es zeigt keine Mimik und keine Emotionen. Nach außen signalisiert es: „Ich habe alles im Griff, mir tut nichts weh." Es will sich bloß nicht verletzlich zeigen.

Der Außenseiter denkt „Ich *bin* ein Außenseiter", der Clown denkt „Ich *bin* ein Clown", der Coole denkt „Ich *bin* cool". Und alle glauben, dass das auch immer so bleiben wird.

Erst wenn man in die Welt hinausgeht und andere Menschen kennenlernt, bei denen man sieht, dass auch andere Möglichkeiten zu leben existieren, kann man diese Rollen infrage stellen. In der Regel gelingt das durch Beobachtung, Reflektieren und Nachdenken. Vielleicht benötigt man auch einen Denkanstoß von guten Freunden. Manchmal stößt man auf Menschen, die einen aus einem anderen Blickwinkel betrachten, wirklich an einem interessiert sind und einen unvoreingenommen respektieren.

Haben wir in der Vergangenheit die Rolle eines Außenseiters eingenommen und spüren nun plötzlich dieses Interesse an uns, dann merken wir, dass wir gar nicht immer Außenseiter sein müssen, sondern uns auch in Gruppen integrieren können, vorausgesetzt, wir beschließen, die Rolle zu wechseln. Gelingt es uns, einem anderen unvoreingenommen zu begegnen, dann merken wir, dass er uns ebenfalls freundlich gegenübertritt, weil er vielleicht gar nicht weiß oder es ihn nicht interessiert, dass wir bislang die Außenseiterrolle eingenommen haben.

Haben wir die Rolle des Clowns eingenommen, werden wir vielleicht irgendwann auf Menschen treffen, die uns gar nicht als Clown sehen wollen, sondern uns als einen wertvollen Menschen wahrnehmen und uns nehmen, wie wir sind. Wir merken, dass es gar nicht unsere Aufgabe sein muss, andere bei guter Laune zu halten. Dann werden wir es genießen, in Gesellschaft einmal ruhig dabeizusitzen.

Haben wir die Rolle des Coolen eingenommen, werden wir möglicherweise einem Menschen begegnen, der unsere Fassade durchschaut, sich damit aber nicht zufrieden gibt. Tatsächlich will er eine tiefe menschliche Nähe zu uns aufbauen. Und wir werden uns möglicherweise erstmalig in unserem Leben wirklich verstanden und ernst genommen fühlen. Wir wagen es dann, unsere Fassade Stück um Stück abzutragen und echt zu werden.

Wenn Sie solchen Menschen begegnen, die Ihnen aus Ihren eingefahrenen Mustern heraushelfen, ist dies ein wahrer Segen. Sie helfen Ihnen, sich selbst ernst zu nehmen und sich in Richtung Selbstbestimmung zu entwickeln, indem sie Sie aus Ihren stereotypen Rollen herausbegleiten und Ihnen Mut machen, Sie selbst zu sein.

Tragisch ist es jedoch, wenn diese Entwicklung nicht vollzogen wird. Dann sieht man sein Leben als etwas, das nicht beeinflusst werden kann. Einmal ein Verlierer, immer ein Verlierer. Wir bekommen ja nichts geschenkt. Wir suchen nach Glück, das von außen kommt. Wir suchen einen Partner, der uns glücklich macht, und verharren dabei in einer Haltung, in der wir uns selbst als unzureichend und ohnmächtig erleben. Unser Partner kann sich noch sehr um uns bemühen, was für den Moment schön ist. Aber glauben wir ihm nicht, dass er uns wirklich für liebenswert hält, ist alle Mühe vergebens.

Ein Partner hilft uns nur dann, glücklich zu werden, wenn wir seine Liebe wahrnehmen und annehmen können. Wenn wir ihm glauben, dass er es mit seiner Liebe zu uns ernst meint. Wir spüren dann, dass wir liebenswert sind, was uns in unserer Entscheidung bestärkt, uns selbst zu lieben.

Als selbstbestimmter Mensch nehmen Sie Ihr Leben in die Hand. Sie sind unermüdlich damit beschäftigt, nach neuen Wegen zu suchen und Lösungen für Ihre Probleme zu finden. Es interessiert Sie nicht mehr, welche Rolle Ihnen zugeschrieben wird und was andere von Ihnen erwarten. Sie definieren Ihre Rolle selbst. Wenn andere Menschen Sie als hartherzig, arrogant, kühl, verspielt, kindisch oder sonst wie einschätzen, sollen sie es ruhig tun. Sie können Sie aber nicht davon abhalten, selbst festzulegen, welche Werte Ihnen wichtig sind und wofür Sie sich einsetzen wollen.

Selbstbestimmte wollen sich weiterentwickeln

Wir wissen, dass wir uns ständig weiterentwickeln können. Nicht nur im Beruflichen, sondern auch in unserer Persönlichkeit und in unseren Beziehungen. Als Selbstbestimmte gehen wir beständig der Frage nach, wie wir erfüllend leben können, wie wir die Beziehung zu unserem Partner und zu unseren Freunden vertiefen und die Entwicklung unserer Kinder fördern können. Wir geben uns mit quälenden Situationen niemals zufrieden, sondern wir probieren alle Möglichkeiten durch, um an unserer Situation etwas zu verbessern.

Selbstbestimmte kennen keine Langeweile, weil das Leben spannend ist, es immer etwas zu tun gibt, sich alles weiterentwickelt und es Freude bereitet, das eigene Schicksal in die Hand zu nehmen. Selbstbestimmte kennen auch die Zeiten der Ruhe, die sie ganz bewusst wahrnehmen, um zu entspannen, aufzutanken, zu genießen, die Gedanken zu sortieren und Prioritäten zu setzen, um dann später neue Aktionspläne zu schmieden. Sie wissen, dass ihnen niemand die Verantwortung für sich selbst abnehmen kann und auch der liebevollste Partner sie nicht glücklich machen wird, wenn sie sich nicht selbst für ihr Glück entscheiden.

Wir leben alle in demselben Land. Für uns alle gelten dieselben Gesetze, jedem steht das gesamte Bildungssystem zur Verfügung, ohne dass ein Regime willkürlich Grenzen setzt. Jeder hat die Freiheit, sich seinen Traumpartner zu suchen. Jeder kann eine Firma gründen, ein Geschäft aufmachen oder sich in einem Betrieb an die Spitze arbeiten. Jeder kann den skurrilsten Hobbys nachgehen. Es sind keine Grenzen gesetzt, solange wir keinem anderen schaden. Kein Regime, keine Diktatur, die uns irgendetwas vorschreibt.

Ich weiß, dass wir trotz verschiedener sozialstaatlicher Errungenschaften nicht in einer gerechten Gesellschaft leben. Darum geht es mir nicht. Mir geht es um Menschen, die trotz schlechter Ausgangslage ihr Schicksal in die Hand nehmen. Die bei Widerständen nicht in Angststarre verfallen und darauf warten, bis ihnen die passende Lösung präsentiert wird. Sondern die nach Möglichkeiten suchen, alles Erdenkliche systematisch abzuklopfen, um irgendwo für sich eine Chance zu entdecken, einen Schritt weiterzukommen und sich weiterzuentwickeln. Und sie existieren, diese Menschen, die sich nicht dafür interessieren, ob ihre Chancen gut oder schlecht sind, sondern die nach vorne blicken, die lernen wollen, die Visionen für ein besseres Leben in sich tragen, die sich beruflich und in ihren persönlichen Beziehungen weiterentwickeln wollen. Die mal ganz unten angefangen haben und sich durchboxen. Weniger gegen imaginäre Feinde, sondern in erster Linie gegen den „inneren Schweinehund".

Wenn wir verstehen, wie diese Menschen ihre Ziele erreichen, haben wir die Möglichkeit, von ihnen zu lernen. Und wenn Sie dieses Buch lesen und bei sich auch nur einen Punkt entdecken, an dem Sie merken, dass Sie noch deutlich hinter Ihren Möglichkeiten zurückliegen, und deshalb anfangen, neue Schritte zu gehen, dann hat sich die Lektüre schon gelohnt. Und Sie werden staunen, welche Türen sich für Sie öffnen werden, wenn Sie erst einmal losgehen.

Um uns weiterzuentwickeln, ist es notwendig, ein klares Ziel vor Augen zu haben. Wenn wir uns mit Selbstbestimmung auseinandersetzen, wird keiner von uns alle beschriebenen Fähigkeiten aufweisen. Wir können uns aber das für uns Wichtigste herauspicken und uns Zwischenziele stecken, um zu späterer Zeit ein großes Ziel zu erreichen. Es geht also darum, dass wir uns den Luxus von großen, übergeordneten Visionen leisten, die zunächst möglicherweise völlig unrealistisch erscheinen. Vielleicht werden wir sie erreichen, vielleicht auch nur einen kleinen Teil davon. Wenn wir aber nicht träumen, wird sich nichts verändern. Eine Vision existiert zunächst nur in unserer Vorstellung, sie verpflichtet zu nichts. Also bringen Sie den Mut und die Energie auf, Ihre ganz eigene Vision zu erschaffen!

Wenn ich von großen Visionen spreche, denke ich nicht an Herausforderungen, wie ich etwa innerhalb von zwei Jahren zum Millionär werde. Sondern zum Beispiel an die Frage: Wie kann ich eine Beziehung zu meinem Partner gestalten, in der ich mich ganz fallen lassen kann, in der völliges Vertrauen herrscht und in der sich beide Seiten uneingeschränkt bemühen, sich gegenseitig glücklich zu machen? Das ist für mich ein ganz großes Ziel.

Selbstbestimmt in Beziehungen leben

Selbstbestimmt zu leben heißt, unabhängig zu leben. Gleichzeitig sind wir Menschen aufeinander angewiesen, können nicht unabhängig nebeneinanderher existieren. Wir können nicht ohne Menschen leben, die uns Nahrungsmittel, ein Auto, eine Wohnung, Kleidung und vieles mehr zur Verfügung stellen. Wir überleben nur mit gegenseitiger Unterstützung. Freundschaftliche Beziehungen zu führen heißt, Grenzen abzubauen und sich zu helfen, füreinander da zu sein, zu vertrauen und sich auszuliefern. Der archaische Wunsch, in einer intimen Beziehung mit unserem Partner zu verschmelzen und eins zu sein, widerspricht nur vordergründig dem Gedanken der Selbstbestimmung.

Selbstbestimmte gehen nur Beziehungen ein, die gut für sie sind. Sie lassen sich nicht unnötig verletzen, sie achten auf sich und werden es auf keinen Fall zulassen, dass andere auf ihnen herumtrampeln. Deshalb suchen sie sich Menschen, die respektvoll, vertrauenswürdig, liebevoll und zuverlässig sind. Je tiefer ihre Beziehungen wachsen, desto mehr Vertrauen können sie in ihre Freunde und andere wichtige Menschen setzen. Dann begeben sie sich ganz bewusst und gezielt in ein Vertrauensverhältnis und in Abhängigkeiten zu anderen Menschen, weil vertrauensvolle Beziehungen Bestandteil eines erfüllten Lebens sind. Weil sie in ihnen wachsen. Es macht sie glücklich, einander zu helfen und sich in Notlagen auf die Hilfe anderer verlassen zu können.

Wenn wir uns in ein positives Netzwerk aus Familie und Freunden begeben, dann tun wir es, weil wir uns dafür entscheiden, nicht weil es Zufall ist. Ganz gezielt schalten wir zerstörerische Einflüsse aus und begeben uns in die Gesellschaft von Menschen, die sich gegenseitig unterstützen wollen, die respektvoll miteinander umgehen und sich an dem Glück ihrer Mitmenschen erfreuen. Als Selbstbestimmte wissen wir, bei wem wir uns fallen lassen können.

Selbstbestimmte geben sich nicht mit faulen Kompromissen zufrieden. Sie ertragen Unrecht oder einen Mangel an Respekt nur eine kurze Zeit. Sie unterwerfen sich nicht, nur um in einer Gemeinschaft toleriert zu werden. Sie schlucken ihren Ärger nicht hinunter. Wenn sie merken, dass sie in einer Situation nicht zufrieden sind, dann nutzen sie diese Unzufriedenheit für sich. Unzufriedenheit ist immer ein sicherer Hinweis dafür, dass man etwas verändern sollte. Sei es, dass man aktiv in Auseinandersetzungen geht, sei es, dass man merkt, dass man etwas an seinem Erleben und Verhalten ändern will. Unzufriedenheit wird aber keinesfalls als Dauerzustand toleriert. Sie ist ein wichtiger Motor für Veränderungen. Als Selbstbestimmte haben wir eine zu hohe Achtung vor uns selbst, als dass wir Unzufriedenheit langfristig ertragen würden. Wir verfügen über keinerlei Bereitschaft, unseren Frust einfach nur hinunterzuschlucken. Selbstverständlich wissen wir auch, wann es an der Zeit ist, Kompromisse einzugehen und Opfer zu bringen. Dies tun wir aus eigenen Stücken und wohlüberlegt.

Selbstbestimmte können es aushalten, allein zu sein. Sie sind nicht abhängig von der Anerkennung durch andere. Sie suchen zwar Gemeinschaft, aber nicht um jeden Preis. Sie können auch gut ohne das Lob anderer auskommen. Sie sind nicht angewiesen auf Prestigeobjekte, teure Kleidung, schicke Autos oder anderen Luxus, mit dem sie einen Mangel an Selbstwertgefühl zu kompensieren suchen. Sie können allein sein und Einsamkeit aushalten. Sie gehen keine faulen Kompromisse ein, verkaufen sich nicht für Anerkennung. Und wenn ihnen ein eisiger Wind ins Gesicht bläst, nehmen sie auch die Frostbeulen in Kauf. Sie wissen, wofür sie es tun. Sie sind sich ihrer Selbstachtung bewusst und dessen, dass der Verkauf ihrer Werte allein für Anerkennung einen zu hohen Preis darstellt. Sie wissen, dass das schmeichelhafte Gefühl durch die Schulterklopfer nur kurz anhält und sie dann weiter in eine Richtung gedrängt werden, in der sie abermals faule Kompromisse eingehen sollen. Deswegen verweigern sie sich in Situationen, in denen sie ihren Selbstrespekt verraten sollen. Sie wissen, dass dieser Preis langfristig viel zu hoch wäre. Sie lassen sich nicht auf ein Spiel mit zerstörerischen Kräften ein.

Vielmehr wissen sie, wohin sie wollen. Sie kennen ihre Ziele, ihre Werte und haben klare Vorstellungen davon, wie sie ihr Leben erfüllend gestalten können. Deshalb verweigern sie sich konsequent allen destruktiven Einflüssen. Sie suchen sich Beziehungen, die vertrauensvoll sind, wo einer den anderen unterstützt, in denen individuelle Ansichten respektiert werden und gemeinsam das Ziel verfolgt wird, sich gegenseitig zu bereichern.

Als selbstbestimmte Menschen kennen wir unseren Selbstwert. Wir wissen, dass wir wertvolle Menschen sind, dass wir Gutes tun und gleichzeitig selbstkritisch, aber nicht entwertend mit uns umgehen. Als selbstbestimmte Menschen gehören wir nicht zu denjenigen, die zwar volljährig, aber keinesfalls erwachsen sind, sondern wir handeln eigenverantwortlich.

Selbstbestimmte nutzen Rückschläge für sich

Als Selbstbestimmte überlassen wir nichts dem Zufall. Wir kennen unsere Visionen, und wir wissen, wohin wir wollen. Wir steuern kontinuierlich und hartnäckig auf unsere Ziele zu. Wir lassen uns nicht von Rückschlägen entmutigen. Wir wissen, dass diese unvermeidlich zum Wachstum dazugehören! Uns ist bewusst, dass das Erreichen mancher Ziele viel Zeit und Ausdauer benötigt. Aber uns ist kein Preis zu hoch, wenn es um Selbstachtung geht, also darum, auf unsere Ziele zu fokussieren und hierfür hartnäckig zu kämpfen. Wir neigen nicht dazu, uns in Selbstsucht zu verzehren. Sondern wir wissen, dass wir wertvoll und geliebt sind. Wir sind davon überzeugt, dass das Leben noch viel zu bieten hat und wir uns bis zu unserer letzten Minute weiterentwickeln werden.

Wenn Selbstbestimmte an ihre Grenzen stoßen, respektieren sie sie. Sie sind klug genug, die Realität anzuerkennen. Definitive Grenzen und unüberwindbare Hindernisse gehören zum Leben dazu. Sie erkennen sie an. Gleichzeitig scheuen sie aber keine Mühen, nach anderen Wegen zu suchen, um doch noch ihr Ziel oder einen Teil davon zu erreichen. Sie respektieren ein unverrückbares Nein, sie lernen aus Rückschlägen. Niederlagen erkennen sie als Errungenschaften an, weil sie wissen, dass sie mit jeder Niederlage an Erfahrung gewinnen und sie eine Erweiterung unseres Horizonts darstellt! Sie wissen dann, wie es nicht funktioniert, um anschließend nach neuen Wegen zu suchen, die sie möglicherweise doch zu ihrem Ziel bringen.

Solange eine Niederlage wehtut, weinen wir. Lässt der Schmerz nach, begreifen wir den Rückschlag als eine Chance, um daraus zu lernen und neue Pläne für die Zukunft zu schmieden. Wir wissen, dass Entwicklung und Lernen immer mit Rückschlägen verbunden sind, lassen uns davon aber nicht entmutigen, sondern anspornen. Wir gönnen uns Pausen, die notwendig sind, um wieder Kraft zu schöpfen. Wir lassen los an Punkten, an denen wir merken, dass wir uns festgebissen haben. Wenn wir zur Ruhe kommen, reflektieren wir unser Scheitern und ziehen daraus (Selbst-)Erkenntnisse.

Rückschläge sind etwas Wunderbares. Sie eröffnen die Chance, Widerstände besser kennenzulernen und zu verstehen. Mit jedem Rückschlag gewinnt man Erfahrungswerte. Jede Niederlage ist ein Gewinn. Je besser man die Gründe für sein Scheitern versteht, desto einfacher wird es, neue Strategien zu entwickeln, um sein Ziel mit höherer Erfolgsaussicht zu erreichen. Fortschritte ohne Rückschritte existieren nicht.

Haben wir uns ausgeruht und frische Kraft gesammelt, stehen wir wieder auf und setzen unseren Einsatz fort. Möglicherweise schlagen wir einen ganz anderen Weg ein als zuvor. Wir lassen unser Ziel nicht aus den Augen. Wir wollen es erreichen oder ihm zumindest ein Stück näher kommen, vielleicht müssen wir es auch neu definieren.

Selbstbestimmte nehmen immer mal wieder einen Richtungswechsel vor, aber sie geben nicht auf. Sie lieben sich selbst, sie kennen ihren Selbstwert und respektieren sich zutiefst, genauso, wie sie ihren Nächsten respektieren. Sie haben verstanden, dass nur sie ihr Schicksal in die Hand nehmen und ihren Lebensweg steuern können. Sie wissen, dass ihnen keiner die Verantwortung für sie selbst abnehmen kann. Es ist ihnen keine Last, sondern eine Freude, das Ruder in die Hand zu nehmen, weil es ein tolles Gefühl ist, selbst über das eigene Leben zu bestimmen. Sie wählen ihre Werte und gehen ihren Weg. Sie bauen ihr Glück.

Reinhard: Neinsagen lernen

Reinhard will es allen recht machen, aber er schafft es nicht. Er liebt seine Frau. Er tut alles für seine betagte Mutter. In dem Juweliergeschäft, das er in Düsseldorf aufgebaut hat, liest er seinen Kunden die Wünsche von den Augen ab. Beruflich ist er sehr erfolgreich, aber privat läuft es nicht gut.

Reinhard verspürt eine tief sitzende Unzufriedenheit. Seine Ehefrau wirft ihm vor, immer alles stehen und liegen zu lassen, wenn seine Mutter anruft. Dabei stehen in ihrem Haus doch so viele Reparaturen an, die er zu erledigen hat! Reinhard kümmert sich aber nicht darum. Nach einem langen Tag im Geschäft ist er einfach zu müde, um abends noch im Haus zu arbeiten. Aber seine Frau liegt ihm dann so lange mit ihren Wünschen in den Ohren, bis er schließlich doch halbherzig etwas anfängt, ohne die Dinge abzuschließen. Wenn sich aber seine Mutter bei ihm meldet, springt er sofort! Sie hat doch nur noch ihn! Sein Vater ist schon lange tot. Ein anderer Mensch, von dem seine Mutter Hilfe annehmen würde, existiert nicht. Sie ist doch schon so alt und gebrechlich!

Reinhard kann diese Situation nicht mehr ertragen. Von außen betrachtet hat er ja alles. Eine attraktive und liebe Frau, seine Mutter und ein florierendes Geschäft. Aber er fühlt sich innerlich zerrissen, leer und ausgebrannt. Er kann nicht mehr. Ständig ist er dabei, die Anforderungen seines Geschäfts, seiner Mutter und seiner Ehefrau zu erfüllen.

„Und was ist mit Ihnen?" Reinhard versteht meine Frage nicht. Ein ratloser Blick. Ich werde etwas konkreter: „Was ist mit Ihren Wünschen und Bedürfnissen, wer achtet auf sie?" Nochmals ein ratloser Blick. Die Frage nach seinen Bedürfnissen überfordert ihn. Das hat ihn noch nie jemand gefragt. Er selbst auch nicht. Es gelingt ihm ja noch nicht einmal, den Bedürfnissen der anderen gerecht zu werden. Woher soll er dann die Kraft nehmen, um seinen eigenen nachzugehen?

Es folgen Sitzungen, in denen Reinhard sich Stück für Stück an die Frage nach seinen Wünschen annähert. Allmählich gelingt es ihm, Antworten zu formulieren. Es wird ihm deutlich, dass er nicht mehr länger wie ein abgehetztes Reh durch die Welt laufen will. Er möchte auch mal wieder Zeit nur für sich haben. Er beschließt, für seinen Feierabend einzutreten und sich regelmäßig Zeiten frei zu halten, in denen er zur Ruhe kommen und die Seele baumeln lassen kann, ohne dass seine Frau ihm mit einer neuen Aufforderung im Nacken sitzt.

Um das zu erreichen, ist es notwendig, das kleine Wörtchen „Nein" aussprechen zu lernen. Das fällt ihm anfangs unglaublich schwer. Als er das erste Mal einen Wunsch seiner Frau eindeutig verneint, pocht sein Herz, und das Blut scheint mit Überdruck durch seinen Kopf zu schießen. Aber er kann es aushalten. Seine Frau reagiert irritiert, sie erlebt dieses Nein als eine schroffe Abfuhr. Das kennt sie von ihrem Mann nicht.

Es folgt eine Zeit von mehreren Monaten, in denen Reinhard intensive Auseinandersetzungen mit seiner Frau und seiner Mutter führt, die ebenfalls kein Verständnis für sein verändertes Verhalten aufbringt. Sie beschimpft ihren Sohn, dass er seine Mutter verrate und verkaufe. Das trifft Reinhard schwer und bewegt ihn beinahe dazu, klein beizugeben. Es ist ihm aber bewusst, dass er keine andere Wahl hat, als auf sich selbst achtzugeben. Er möchte in seinem Leben wieder das Ruder übernehmen und selbst bestimmen, was er tut und was er lässt. Sonst wird er in absehbarer Zeit ein Fall für die Psychiatrie sein, was nun gewiss nicht sein Ziel ist.

Reinhard bleibt sich selbst treu. Er weicht nicht davon ab, auf sich selbst zu achten und sich den Freiraum zu nehmen, den er braucht, um sich erholen zu können und dadurch handlungsfähig zu bleiben. Regelmäßig begeht er seinen Feierabend. Dann kuschelt er sich in seinen Lieblingssessel, hört klassische Musik und liest einen Krimi seines Lieblingsautors. In dieser Zeit ist er nicht ansprechbar, das hat auch seine Frau rasch begriffen, nachdem er es ihr mehrmals in aller Deutlichkeit mitgeteilt hat. Das Telefon ist auf stumm geschaltet.

Allmählich lassen die Auseinandersetzungen mit „seinen Frauen" in ihrer Schärfe nach. Sie gewöhnen sich an die Veränderungen. Seine Frau beginnt sogar zu genießen, dass Reinhard zunehmend besser „seinen Mann" stehen kann und selbstbewusster wird. Auch entwickelt sie Verständnis dafür, dass ihr Mann wie jeder andere Pausen braucht. Unglücklich bleibt sie jedoch hinsichtlich der Reparaturen, die dringend ausgeführt werden müssen. Aber Reinhard kümmert sich nicht darum.

Nachdem sie wiederholt deswegen in Streit geraten sind, finden sie eine einfache Lösung: Sie bestellen einen Handwerker. Eigentlich ist das Reinhard zuwider, da er handwerklich begabt ist und die Reparaturen selber durchführen könnte. Er willigt aber in den Vorschlag seiner Frau ein, weil er weiß, dass er seinen Feierabend braucht. Auf den will er nicht mehr verzichten. Dann lieber einen Handwerker bezahlen.

Die Auseinandersetzung mit seiner Mutter macht ihm jedoch am meisten zu schaffen. Nachdem er sich über Wochen die zunehmenden Vorwürfe angehört hat, sagt er ihr schließlich klipp und klar, dass er zweimal pro Woche zu Besuch kommen kann. Da sie aber mehr Hilfe benötige, sei es dringend an der Zeit, einen Pflegedienst zu engagieren. Nachdem sich seine Mutter über weitere Wochen vehement dagegen gewehrt hat, gibt sie schließlich widerwillig nach. Es wird die Betreuung durch einen Pflegedienst eingerichtet. Nach einiger Zeit gewöhnt sie sich an die überaus freundlichen und zuvorkommenden Damen. Eigentlich ist sie nun auch froh, andere Gesichter zu sehen als nur die von ihrem Sohn und ihrer Schwiegertochter.

Nachdem die Grenzen definiert und die Zuständigkeiten neu sortiert sind, entwickelt auch Reinhard allmählich wieder Freude daran, seine Mutter zu besuchen. Er bestimmt jetzt selbst, wie viel Zeit er wofür einteilt. Er fühlt sich innerlich viel freier. Er hat schon ein neues Projekt im Visier, er möchte die Belastungen von seinem Geschäft auf mehrere Schultern verteilen. Und was den Bereich „Lebensveränderungen" angeht, möchte er jetzt erst einmal eine Verschnaufpause. Auch das bestimmt er jetzt selbst.

Voraussetzung, um in Ihrem Leben selbst bestimmen zu können, ist eine Vorstellung davon, welche Bedürfnisse Sie haben, was Sie sich wünschen und was Ihnen wichtig ist. Im Folgenden lesen Sie hierzu einige Fragen. Suchen Sie sich einen gemütlichen Raum, machen Sie es sich bequem und nehmen Sie sich Zeit, um Ihre Antworten in Ihr Tagebuch zu schreiben.

Wie sehen Ihre Wünsche und Bedürfnisse aus? Diese Frage fängt bei Kleinigkeiten des Alltags an und hört bei den großen Lebensfragen wie Partner- und Berufswahl, religiösen Überzeugungen, Sexualität und so weiter auf. Beginnen Sie mit den kleinen Dingen, zum Beispiel mit dem Frühstück: Wenn Sie morgens am Frühstückstisch sitzen, wie möchten Sie die erste Mahlzeit des Tages gestalten? Welchen Brotaufstrich bevorzugen Sie? Welche Brotsorte? Ist der Frühstückstisch so gedeckt, wie Sie es mögen? Läuft Musik, oder mögen Sie es lieber still? Wollen Sie lieber alleine oder in Gemeinschaft frühstücken? Sind die Aufgaben (Aufdecken, Abdecken usw.) angemessen verteilt? Haben Sie genug Zeit, um in Ruhe zu frühstücken? Entsprechen die Nahrungsmittel dem, was Ihnen guttut und Ihnen einen kraftvollen Start in den Tag ermöglicht? Welche Vorstellungen haben Sie von einem idealen Frühstück? Sehen Sie Möglichkeiten, selbst zu bestimmen und positive Veränderungen für Ihr Frühstück vorzunehmen? Sie sehen, dass Sie sich bezüglich alltäglicher Situationen sehr viele Fragen stellen und beantworten können.

Um Ihrem Leben eine positive Richtung geben zu können,

sollten Sie sich Ihrer Wünsche und Bedürfnisse auch hinsichtlich der großen Lebensfragen bewusst werden! Welche Eigenschaften sollte Ihr Lebenspartner haben? Was erwarten Sie von Ihrem Beruf? Wie wollen Sie die Beziehung zu Ihren Eltern und zu Ihren Kindern gestalten? An dieser Stelle setzen Sie sich mit grundsätzlichen Fragen Ihrer Lebensgestaltung auseinander. Zunächst geht es darum, zu verstehen, was Ihnen wichtig ist und durch welche Augen Sie die Welt sehen. Wie sieht *Ihr* Lebenstraum aus? Haben Sie auch keine Scheu davor, die ganz großen Lebensträume zu benennen. Sie brauchen sich ja nicht unter Druck zu setzen, um sie zu erreichen. Jetzt geht es nur darum zu verstehen, was Ihnen wichtig und wertvoll ist.

Reflektieren Sie die zurückliegenden 24 Stunden! Rekapitulieren Sie zunächst, wie der Ablauf ausgesehen hat. Beschreiben Sie ihn sachlich. Gehen Sie dann Situation für Situation durch. Sind sie so abgelaufen, wie Sie es sich wünschen? Welche Bedürfnisse verspüren Sie jetzt, wenn Sie sich an die jeweilige Situation erinnern? Welche Wünsche wurden erfüllt und welche nicht? Sehen Sie Möglichkeiten für mehr Selbstbestimmung, das heißt Möglichkeiten, auf die jeweiligen Situationen Einfluss zu nehmen und (mehr) selbst zu bestimmen, wie sie ablaufen?

Um Möglichkeiten zu mehr Selbstbestimmung zu entdecken ist es hilfreich, eine schwierige Situation auszuwählen und dann zu beschreiben, wie sie aus Ihrer Sicht idealerweise abgelaufen wäre. Sie entwickeln also in Ihrem Tagebuch eine Fantasiegeschichte, die erzählt, wie Sie eine bestimmte Situation gestalten, um Ihren Wünschen und Bedürfnissen gerecht zu werden. Diese Vorstellungen bilden eine fantastische Grundlage, tatsächliche Veränderungen herbeizuführen.

Stecken Sie sich kleine konkrete Zwischenziele auf dem Weg zum großen Ziel. Definieren Sie den ersten Schritt. Gehen Sie! Lernen Sie aus Ihren Fehlern, und dann planen Sie den nächsten Schritt.

Praxistipp

Schritte zu mehr Selbstbestimmung

1. Wie sehen Ihre Wünsche und Bedürfnisse aus, im Kleinen wie im Großen?
2. Reflektieren Sie die zurückliegenden 24 Stunden! Sehen Sie Möglichkeiten für mehr Selbstbestimmung?
3. Beschreiben Sie, wie eine schwierige Situation aus Ihrer Sicht idealerweise abgelaufen wäre.
4. Stecken Sie sich kleine konkrete Zwischenziele auf dem Weg zum großen Ziel und lernen Sie aus Ihren Fehlern.

Wir werden uns später intensiv mit dem Kreislauf der Selbstliebe auseinandersetzen. Dort werden Sie noch einige Hilfen kennenlernen, mit denen Sie Ihr Leben zunehmend selbstbestimmt gestalten können.

KAPITEL 12

Eigenverantwortlichkeit, die Basis der Selbstliebe

Eigenverantwortlichkeit bildet die Basis für Selbstliebe. Nur wenn Sie Verantwortung für sich übernehmen, versetzen Sie sich in die Lage, für sich zu sorgen und sich zu lieben. Genauso, wie man Verantwortung für seine Kinder übernimmt, tut man es auch für sich selbst.

Gelingt uns etwas besonders gut, zeigen wir uns hierfür verantwortlich und loben uns. Erleiden wir Schiffbruch, sehen wir die Verantwortung ebenfalls bei uns. Wir brauchen keine „Idioten“, denen wir die Schuld zuschieben können. Wir beklagen uns nicht über die schwierigen Umstände, sehen nicht die Schuld in der Politik, beim Arbeitgeber oder Nachbarn. Sondern wir übernehmen Verantwortung für uns. Wir übernehmen sie auch für Dinge, für die wir im juristischen oder moralischen Sinne nicht zu belangen sind. Damit ist gemeint, dass man anerkennt, dass man in seinem Leben über Macht verfügt. Die Macht, etwas zu verändern. Es ist Ihre Verantwortung, ob Sie mit Ihrem Partner und Ihren Kindern glücklich sind. Es ist Ihre Verantwortung, ob Sie mit Ihrer Arbeit zufrieden sind. Wenn Sie in diesen Bereichen unglücklich sind, dann liegt es an Ihnen, etwas zu ändern.

Oft klingt dies in unseren Ohren sehr belastend und bedrückend. Da ist sowieso schon alles so kompliziert, wir haben einen herrschsüchtigen Chef oder einen trägen Partner, und dann sollen wir dafür auch noch die Verantwortung übernehmen? Nein, ganz so ist es nicht gemeint. Es ist nicht die Frage, ob wir die

Verantwortung übernehmen *sollen*. Vielmehr ist entscheidend, ob wir die Verantwortung übernehmen *wollen*. Ein „Sollen“ wird von außen aufgedrückt. Ein „Wollen“ ist eine ganz persönliche Entscheidung. Wollen ist Selbstbestimmung.

Verantwortung zu übernehmen ist ein Ausdruck von Freiheit. Damit ergreift man gleichzeitig auch die Macht, in seinem Leben etwas zu ändern. Das ist wunderbar. Wir können dann die Entscheidung treffen, ob wir uns mit unserem herrschsüchtigen Chef arrangieren, ob wir an unserem Verhalten ihm gegenüber etwas ändern oder ob wir uns auf eine neue Stelle bewerben wollen. Wenn wir Verantwortung für uns übernehmen, haben wir in jedem Fall Entscheidungsfreiheiten. Es entfalten sich Möglichkeiten, unsere Lebenssituation nach unseren Wünschen zu gestalten.

Das ist zweifellos mit Arbeit verbunden. Lösungen für die genannten Problemfelder kommen in der Regel nicht über Nacht. Wenn Sie anfangen, etwas an Ihrer Situation zu verändern, können Sie nicht erwarten, dass die Menschen um Sie herum in Begeisterung ausbrechen. Wahrscheinlicher ist es, dass sie sich an Ihr bisheriges Verhalten gewöhnt und darauf eingestellt haben. Veränderungen sind dann irritierend, oft unangenehm und führen zu Streit. Wir scheuen uns, Verantwortung zu übernehmen, weil wir die folgenden Auseinandersetzungen fürchten.

Wie wir durch Eigenverantwortlichkeit erzeugten Widerstand überwinden

Der Widerstand unserer Mitmenschen gegen Veränderungen von unserer Seite erklärt, warum die Versuchung groß ist, in eine angepasste und passive Haltung zurückzufallen. Dann bringt man nicht den Mut auf, etwas zu verändern. Denn sobald wir anfangen, uns zu bewegen und den Mund aufzumachen, reagieren Freunde, Partner und Kollegen mit ungläubigem Staunen und Empörung:

„Was ist denn das? So etwas haben wir ja noch nie erlebt!" Und wir lassen uns einschüchtern und reagieren mit Anpassung. Weil uns die „Harmonie" mit unserer Umwelt so wichtig ist, gehen wir lieber den unteren Weg. Wir fühlen uns in Anbetracht des Gegenwinds plötzlich so einsam. Und genau das haben wir ja mit unserer Überangepasstheit zu vermeiden gesucht.

Man leidet nicht nur unter der Opferrolle, bisweilen kann es auch etwas Attraktives haben, sich in der warmen Badewanne des Selbstmitleids zu aalen. Keiner versteht einen, keiner sieht, dass man im Recht ist. Der Weltschmerz des „Gerechten". Die unerfüllten Sehnsüchte hinterlassen einen süßen Schmerz, den man nicht missen will, mit dem man aber auch nicht glücklich ist.

Handeln Sie aber konsequent eigenverantwortlich, wird das Leben auf lange Sicht leichter. Sie müssen ja nicht gemocht werden. Sie sind nicht auf das Lob der anderen angewiesen. Und sind die ersten Kämpfe ausgefochten, gewöhnen sich die Menschen um Sie herum daran, dass Sie eine eigene Meinung haben und diese auch vertreten. Sie sorgen für sich und lassen andere nicht mehr wahllos über Sie verfügen.

Wir reden hier von Prozessen, die möglicherweise längere Zeit andauern. Aber Sie können *heute* entscheiden, dass Sie in einer kleinen Sache etwas mehr Verantwortung für sich übernehmen wollen. Fangen Sie mit alltäglichen Dingen an. Wenn Sie sich beispielsweise entscheiden, zu anderen freundlicher zu sein, steigt auch die Wahrscheinlichkeit, dass sie Ihnen freundlicher begegnen. Das können Sie von Tag zu Tag steuern. Wenn Sie unzufrieden sind, weil Ihr Partner im Haushalt zu wenig Hand anlegt, ist das Ihre Verantwortung. Denn Sie sind unzufrieden und nicht Ihr Partner. Ihre Unzufriedenheit gehört Ihnen, deshalb liegt es bei Ihnen, etwas zu verändern. Sie können die Situation ansprechen und eine bessere Aufgabenverteilung verhandeln. Sie gestalten Ihr Leben nach Ihren Wünschen.

Wenn Sie bei der Urlaubsplanung in der Firma übergangen

werden, entscheiden Sie, ob Sie den Mund aufmachen und sich dagegen wehren oder ob Sie es stillschweigend ertragen. Die Verantwortung für Sie trägt nicht Ihr Chef, sondern in erster Linie Sie. Und das ist auch gut so.

Wir tragen die Verantwortung für unsere Ziele und Visionen

Eigenverantwortlich zu leben heißt unter anderem auch, eine Lebensplanung vorzunehmen. Wenn wir schlecht mit unseren Eltern umgehen, brauchen wir nicht zu erwarten, dass unsere Kinder uns später einmal besser behandeln werden. Wir meiden Bewegung, lieben Fast Food und wundern uns, wenn wir jenseits der 50 krank werden. Nur ein langfristig gelebter gesunder Lebensstil erhöht die Chance, lange gesund zu bleiben. Wenn wir uns vornehmen, einen ausgezeichneten Beruf zu erlernen, müssen wir uns möglicherweise einige Jahre mehr Zeit nehmen, um uns durch eine knochenharte Ausbildung zu kämpfen. Das ist kein leichter Weg, aber ein guter. Entscheiden wir uns für den einfacheren Weg, kann es passieren, dass wir später das Nachsehen haben. In jedem Fall sollten wir aber die Verantwortung für uns übernehmen. Jede Entscheidung hat ihre Vor- und Nachteile. Verantwortung für uns zu übernehmen kann bedeuten, wenn es um ein großes Lebensziel geht, den schwierigeren, aber langfristig gesehen für uns günstigeren Weg zu wählen.

Wollen wir uns nicht auf eine Partnerschaft zweiter Klasse einlassen, sondern uns den bestmöglichen Partner suchen, dann kann Eigenverantwortlichkeit auch bedeuten, nicht jede Gelegenheit zu nutzen, weil wir überlegt wählen. Wenn wir von einem „Traumpartner" sprechen, ist nicht das millionenschwere, immer witzige und unterhaltsame, allzeit bereite Supermodel gemeint. Sondern ein Mensch, dem wir uns ganz und gar anvertrauen und alles von uns zeigen können. Bei dem wir uns geborgen, angenommen und wohlfühlen, der uns Sicherheit gibt. Dessen Gegenwart wir genießen. Wir lieben ihn von ganzem Herzen und werden genauso geliebt.

Dieser Anspruch kann aber auch bedeuten, dass man möglicherweise längere Zeit ohne Partner ist. Übernimmt man Verantwortung für sich, dann will man für sich das Beste und nicht das Zweitbeste. Es geht hier um realistische Ziele, nicht um Traumtänzerei.

Mein Vater, der viele Jahre Single war, bis er meine Mutter kennenlernte, wusste sich selbst zu trösten mit dem Satz: „Keine Ehe ist besser als eine schlechte Ehe." Eigenverantwortlichkeit in Bezug auf die Partnerwahl heißt also, dass man sich nicht von seiner Einsamkeit in eine intime Partnerschaft treiben lässt, sondern sich erst dann darauf einlässt, wenn man davon überzeugt ist, einen Menschen gefunden zu haben, der es wert ist, der zu einem passt und den man als absolut vertrauenswürdig erlebt. Es geht hier nicht um Garantien für eine gelingende Partnerschaft, sondern um die optimalen Voraussetzungen für ein gemeinsames Glück.

Wenn wir Verantwortung für uns übernehmen, tun wir es für uns und für die Beziehung zu unseren Lieben. Wir wissen genau, was wir beabsichtigen, wir haben unsere Ziele klar vor Augen. Langfristig lohnt sich der Einsatz. Irgendwann werden sich unsere Anstrengungen auszahlen, nach und nach werden wir unsere Ziele erreichen. Auf lange Sicht werden wir zu den Menschen gehören, die ihr Leben im Griff haben, die glücklich und zufrieden sind, die wissen, wie man sich den Widrigkeiten des Lebens stellt. Und bei jedem Etappenziel, das wir erreichen, klopfen wir uns stolz auf die Schulter. Wir haben gute Arbeit geleistet, und das erkennen wir an.

Judith: Entwertungen aktiv begegnen

Rückblickend betrachtet erlebt Judith ihre Mutter als streng, wenig nahbar und fordernd. Zu Schulzeiten müssen die Noten perfekt sein wie auch das gesamte Auftreten nach außen. Das Bild, das ihre Familie den Nachbarn von sich zeigt, darf keinen Kratzer aufweisen. Judiths Mutter fällt es schwer, Wärme auszustrahlen und Geborgenheit zu vermitteln. Nur ganz selten geschieht es, dass Judith von ihrer Mutter in den Arm genommen wird.

Judiths Vater versucht, in der Familie für gute Stimmung zu sorgen. Er engagiert sich im Turnverein, in dem auch Judith aktiv ist. Ihre besondere Begabung liegt im Rhönradturnen. An Wochenenden ist sie häufig mit ihrem Vater auf Turnieren. Sie ist erfolgreich, und sie haben viel Spaß miteinander. Auch ihre Mutter hat daran Gefallen, solange die schulischen Leistungen stimmen. Zu Hause führt sie die Regie, da hat Judiths Vater wenig Einfluss. So sehr sehnt sich Judith danach, dass ihr Vater sie mehr vor ihrer Mutter schützt, wenn diese sich gerade über Belanglosigkeiten aufregt und trotz guter Noten den Druck erhöht. Aber er tut es nicht.

Judith hat den Eindruck, es ihrer Mutter nie recht machen zu können, sosehr sie sich auch bemüht. Aber sie gibt nicht auf. Immer wieder versucht sie, eine vorbildliche Tochter zu sein. Vielleicht wird ihre Mutter ihr ja doch einmal die Anerkennung schenken, um die sie Tag für Tag kämpft.

Als Judith 18 Jahre alt ist, lernt sie ihre große Liebe kennen. Mit 19 wird sie schwanger. Ihre große Liebe macht sich aus dem Staub. Ihre Mutter findet für dieses „Problem", denn was soll die Nachbarschaft nur dazu sagen, eine schnelle Lösung. Sie organisiert eine Abtreibung im Ausland. Judith will keine Abtreibung, aber was hat sie sonst für eine Wahl? Sie wird in den Zug gesetzt und kommt tatsächlich in der Abtreibungsklinik an. Judith hasst es. Sie will das alles nicht. Was folgt, ist ein Horror. Sie lässt es über sich ergehen. Sie durchlebt einen Albtraum. Später findet sie sich zu Hause wieder, innerlich stumpf, kalt und ihre Seele leer.

Aus heutiger Sicht ist es Judith völlig klar, damals war ihr aber nicht bewusst, dass die Ausbildung zur Kinderkrankenschwester den Versuch darstellte, die Schuldgefühle, die sich nach dem Verlust ihres Babys ein-

gestellt hatten, durch die Liebe zu kranken Kindern aufzuwiegen. Es gelingt ihr nicht, Trauerarbeit zu leisten, und dieselben Albträume verfolgen sie bis heute. Nachts wird sie von ihnen gequält, tagsüber fühlt sie sich leer und kraftlos. Sie bleibt an manchen Tagen im Bett liegen, zieht kein Rollo hoch, macht einfach nichts, hängt nur ihren trüben Gedanken nach. An anderen Tagen, wenn es ihr eigentlich besser geht, überkommen sie wie aus heiterem Himmel plötzliche Angstattacken. Nur mit größten Anstrengungen kann sie dann noch ihren alltäglichen Aufgaben nachkommen.

Ihr Vater ist vor Jahren verstorben. Ihre Mutter kann sie nicht mehr ertragen. Mit zunehmendem Alter scheinen sich ihre unangenehmen Charakterzüge noch zu verstärken. Ständig hat sie etwas zu kritisieren und auszusetzen. Die Tochter scheint ihr nichts recht machen zu können. Sie sieht nicht, was Judith sich in ihrem Leben aufgebaut hat. Sie erkennt nicht an, wie sehr Judith sich bemüht. Jetzt fängt sie sogar schon an, an den Enkeln herumzunörgeln.

Als Judith zu mir in die Beratung kommt, beklagt sie sich darüber, was für eine Last das Leben darstellt. Sie sieht die Diskrepanz, dass sie von außen betrachtet eigentlich alles hat, was sie sich wünscht. Aber wenn doch ihre Mutter nur einmal ein paar lobende Worte äußern würde! Judith ist einfach erschöpft. Es reicht schon, wenn sie nur 20 Minuten zu Besuch ist, dann spürt sie ihre Mutter wie einen Vampir im Nacken, der ihr die Lebenskraft aussaugt. In den ersten Gesprächen schildert sie ausführlich, wie schlecht es ihr geht, weil sie eine so furchtbare Mutter hat.

Es benötigt einige Sitzungen, bis Judith annehmen kann, dass sich nur etwas an ihrer Situation verändern wird, wenn sie die Verantwortung für sich übernimmt. Zunächst ist es jedoch notwendig, dass sie ihre geballte Wut auf ihre Mutter ausdrücken darf, die sich über Jahrzehnte aufgestaut hat. Die Wut, die durchgehend unterschwellig vorhanden ist, darf nun ausbrechen und sich freien Lauf verschaffen. Judith schreit, weint und weist ihrer Mutter alle Schuld zu.

Wochen später, nachdem der Ausdruck dieser Gefühle angemessenen Raum bekommen hat, gelingt es Judith, Verständnis für ihre Mutter auf-

zubringen. Sie ist in Nazideutschland aufgewachsen, in einer beinahe militärisch geführten achtköpfigen Familie, in der keiner weich sein oder Schwäche zeigen durfte. Ihre Mutter hat selber nie erfahren, wie sich liebende Fürsorge, bedingungslose Annahme und Warmherzigkeit anfühlen. Diese Erkenntnis erleichtert es Judith, den durch ihre Mutter erzeugten Schmerz loszulassen. Das hindert sie jedoch nicht daran zu beschließen, dass sie sich von ihrer Mutter nicht mehr verletzen lassen will. Sie will jetzt Verantwortung für sich übernehmen. Deshalb will sie keine Entwertungen oder Schuldzuweisungen mehr von ihrer Mutter ertragen.

Bei einem Besuch, Judith ist gerade vor zehn Minuten angekommen, verfällt ihre Mutter wieder in alte Gewohnheiten und nörgelt an ihr herum. Judith platzt in diesem Moment der Kragen, und sie tut etwas, was sie noch nie zuvor in ihrem Leben getan hat. Sie schreit ihre Mutter an, dass sie sich diese Entwertungen nicht mehr länger anhören wird. Sie führt ihrer Mutter vor Augen, wie sie ständig an ihr herummäkelt und kaum etwas stehen lassen kann. Dass sie, die Mutter, sicherlich in vielen Bereichen eine andere Weltanschauung habe als ihre Tochter, aber sie ihr Leben dennoch respektieren solle. Nachdem Judiths Ausbruch nachgelassen hat, schaut ihre Mutter sie nur mit weit aufgerissenem Mund ratlos an. So etwas hat sie bei ihrer Tochter noch nie erlebt. Sie ist sprachlos und sagt tatsächlich eine ganze Weile nichts. Als sie wieder anfängt zu reden, ist sie deutlich vorsichtiger in Wortwahl und Tonlage.

Nur sie selbst kann die Verantwortung übernehmen, die notwendig ist, um die Grundlage für ein anderes Leben zu schaffen. Es ist sinnlos, darauf zu warten, dass ihre Mutter sich ihr gegenüber endlich anerkennend und lobend zeigt. Judith beschließt für sich, ihre Lebensleistungen selber anzuerkennen und sich nun für ihre Wünsche und Bedürfnisse einzusetzen. Das macht auch einen Trauerprozess um ihr abgetriebenes Baby notwendig. Dieser ist zwar sehr schmerzhaft, aber der Preis dafür, vor diesem Schmerz immer wieder wegzulaufen, erscheint auf lange Sicht höher, als sich nun der Trauer zu stellen. Das ist wahrscheinlich der wichtigste Schritt, aber auch der schwierigste, den Judith in Richtung Eigenverantwortlichkeit geht.

Es gelingt ihr im weiteren Verlauf der Beratung, auch in verschiedenen anderen Lebensbereichen Verantwortung für sich zu übernehmen. Ihr Mann und ihre Arbeitskollegen stellen fest, dass sich etwas bei ihr verändert hat. Judith gewinnt zunehmend an Selbstbewusstsein und Standfestigkeit. Gleichermaßen kehren die Lust und Freude am Leben zurück. Sicherlich hat sie mit Rückfällen in alte Verhaltensmuster zu kämpfen. Aber mit denen kann sie leben. Sie verliert das Ziel nicht aus dem Auge, Stück für Stück mehr Verantwortung für sich zu übernehmen. Judith wird zunehmend glücklicher.

Wenn Sie in Ihrem Leben mehr Verantwortung übernehmen wollen, werden Ihnen folgende Ratschläge helfen. Wie gesagt, es geht hier nicht um moralische oder juristische Verantwortung, sondern um Zuständigkeit. Sie sind zuständig für Ihr Wohlergehen und sonst niemand. Nehmen Sie Ihr Tagebuch zur Hand und beantworten Sie folgende Fragen:

Praxistipp

Verantwortung übernehmen

1. Wählen Sie eine beliebige Situation, mit der Sie unzufrieden sind. Beschreiben Sie sie.
2. Listen Sie Punkt für Punkt auf, was in dieser Situation schiefgelaufen ist.
3. Gehen Sie den nächsten Schritt spielerisch an. Ziehen Sie Ihre Fantasie zurate: Gehen Sie jeden einzelnen Punkt durch und überlegen Sie, was Sie *tun* würden, wenn Sie für die Situation in sämtlichen Punkten *verantwortlich* wären, wenn Sie sie selbst gestalten könnten! Wie fühlt es sich an, wenn Sie Ihr neues Verhalten in Ihrer Fantasie durchspielen?

4. Was hätten Sie tun können, um die Situation zu verbessern, *bevor* sie eingetreten ist?
5. Was könnten Sie im Nachhinein zur Verbesserung beitragen?
6. Fällt es Ihnen schwer, Ideen zu entwickeln, wie Sie eigenverantwortlich handeln können, gucken Sie sich Strategien bei anderen ab, die selbstbewusst auftreten. Was können Sie von ihnen lernen?
7. Nehmen Sie sich für die Zukunft ein bis zwei Verhaltensänderungen vor. Wie würden Sie sie gestalten? Wie fühlt sich das an? Üben Sie Ihre Verhaltensänderungen ein, indem Sie das Ganze in Gedanken durchspielen. Wenn sich eine ähnliche Situation ergibt, probieren Sie das neue Verhalten aus!

Wenn Sie sich mit Situationen auseinandersetzen, die Sie verändern wollen, sollten Sie auch vor Selbstlob nicht zurückschrecken. Es tut gut und stärkt Ihre Veränderungsbereitschaft, wenn Sie sich bewusst machen, was Sie richtig gut können und wo Ihre Fähigkeiten liegen. Rufen Sie sich eine schwierige Begebenheit in Erinnerung, mit deren Ablauf Sie sehr zufrieden waren. Beantworten Sie folgende Fragen:

- Was hat das Gelingen dieser Szene oder dieser Situation ausgemacht?
- Was haben Sie dazu beigetragen, dass die Situation positiv verlaufen ist?
- Wie fühlt sich die Vorstellung an, dass Sie für alles verantwortlich sind, was gut gelaufen ist? (Unabhängig davon, ob es tatsächlich so war, es geht hier nur um eine Vorstellung in Ihrer Fantasie!)

Wenn Sie sich dafür entscheiden, in Ihrem Leben mehr Verantwortung zu übernehmen, werden Sie ein wenig Last verspüren, aber das Gefühl der Freiheit wird breiten Raum einnehmen. Es ist die Freiheit, dass Sie Ihr Leben so gestalten, wie Sie es wollen.

Noch ein wichtiger Hinweis: In diesem Abschnitt lautet das Thema Eigenverantwortlichkeit – also Verantwortung *für sich selbst* zu übernehmen. Unsere minderjährigen Kinder sollten auch eingeschlossen sein. Da sie auf uns existenziell angewiesen sind, sind wir auch für sie voll verantwortlich. Es geht hier aber nicht darum, Verantwortung für das Glück unseres Partners, unserer Eltern, Arbeitskollegen oder anderer zu übernehmen. Die Verantwortung für sein Lebensglück trägt jeder Erwachsene selbst.

KAPITEL 13

In sieben Schritten zur Resilienz – der Kreislauf der Selbstliebe

Menschen reagieren unterschiedlich auf Belastungen. Schwerwiegende Lebensereignisse führen bei dem einen zu einer existenziellen Krise, ein anderer kann sie deutlich besser ertragen. In diesem Zusammenhang spricht man von seelischer Widerstandsfähigkeit oder von Resilienz. Grundsätzlich werden wir stärker, je tiefer wir in uns selbst Halt finden und unseren Kräften vertrauen. Selbstliebe und Selbstfürsorge bilden einen festen Boden unter unseren Füßen, um den Stürmen des Lebens die Stirn bieten zu können.

Der Kreislauf der Selbstliebe eröffnet Ihnen die Möglichkeit, durch zu einem bestimmten Zeitpunkt getroffene, bewusste Entscheidungen eine Form von Selbstliebe zu entwickeln, die nicht endet. Hier folgt ein Schritt auf den anderen. Haben Sie den Kreislauf durchlaufen, beginnen Sie wieder am Ausgangspunkt, nun auf einem etwas höheren Niveau. So begleitet Sie der Kreislauf der Selbstliebe ein Leben lang. Er bildet das Fundament, auf dem sich alle Entwicklungen abspielen. Selbstliebe lässt Sie reifen und fördert Ihre persönliche Entwicklung.

Weil wir uns selbst lieben, können wir unser Leben glücklich und erfolgreich gestalten. Dabei läuft der Kreislauf der Selbstliebe, wenn wir ihn in unserem Leben erst einmal fest installiert haben, automatisch ab. Man kann es vergleichen mit dem Betriebssystem eines Computers. Wenn man sich einen neuen

Computer anschafft, sind zunächst beim Betriebssystem verschiedene Einstellungen vorzunehmen. Dafür muss man sich mit Grundsatzfragen ganz bewusst auseinandersetzen. Ist aber nach einiger Zeit alles eingerichtet, denkt man über das Betriebssystem an sich kaum noch nach. Man benutzt es ständig, und einfache Befehle laufen völlig automatisch ab. Man überlegt nicht, wie man eine Datei öffnet, man tut es einfach.

Mit dem Kreislauf der Selbstliebe ist es nicht anders. Wenn wir ihn jetzt betrachten, setzen wir uns zunächst ganz bewusst mit ihm auseinander. Haben wir ihn aber nach einiger Zeit fest in unser Leben integriert, läuft er zunehmend automatisch ab. Er ist das Betriebssystem unseres Lebens. Nichts funktioniert ohne Selbstliebe. Alle wesentlichen Lebensbereiche wie Gestaltung von Beziehungen und beruflicher Erfolg werden vom Kreislauf der Selbstliebe durchdrungen.

Ähnlich, wie wir die Tricks eines neuen Betriebssystems nur mit viel Geduld erfassen können, benötigen wir auch im Umgang mit uns selbst Gelassenheit und Ausdauer. Die Mühe lohnt sich. Sie werden sehen, der Kreislauf der Selbstliebe wird Ihr gesamtes Leben nachhaltig positiv verändern.

Der Kreislauf der Selbstliebe besteht aus sieben Schritten. Haben Sie ihn durchlaufen, kehren Sie zum ersten Schritt zurück. Eine Übersicht über den Kreislauf der Selbstliebe bietet folgendes Diagramm:

Kreislauf der Selbstliebe

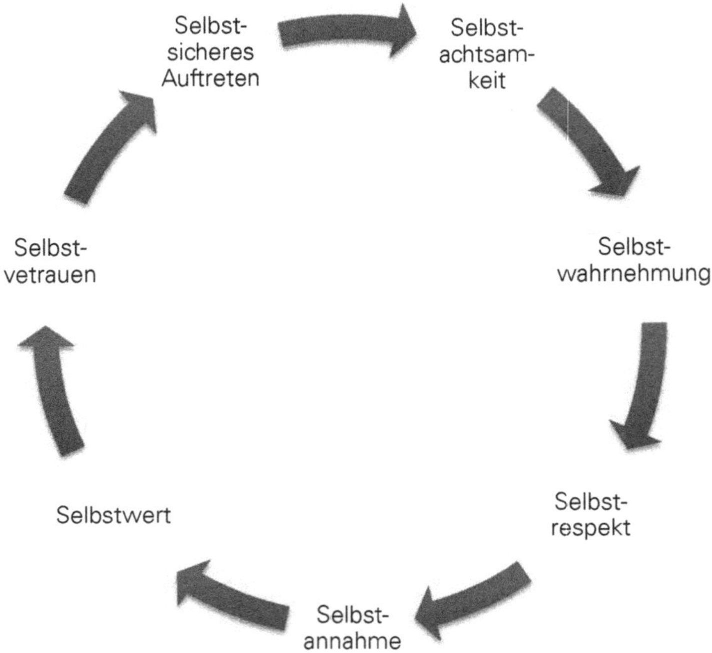

Schritt 1:
Selbstachtsamkeit und Selbstaufmerksamkeit – sich auf sich selbst konzentrieren

In unserer modernen, multimedialen Welt erhalten wir ununterbrochen Angebote, die unsere Aufmerksamkeit auf sich ziehen wollen. Wir werden durch eine Informationsflut von uns selbst abgelenkt. Wenn wir uns aber bewusst für einen Rückzug entscheiden, eröffnen wir uns Räume, in denen wir zur Ruhe kommen und auf uns selbst achtgeben können.

Wollen Sie in den Kreislauf der Selbstliebe einsteigen, schaffen Sie sich einen Raum des Rückzugs und der Geborgenheit. Der erste Schritt besteht darin, optimale Voraussetzungen herbeizuführen, um sich selbst zuhören zu können. Sind Sie allein, schalten Sie alle elektronischen Medien aus und verzichten Sie für eine Zeit auf sämtliche Ablenkungen. Beispielsweise könnten Sie es sich in Ihrem Lieblingssessel bequem machen, wenn Sie allein in der Wohnung sind. Nehmen Sie sich 30 Minuten Zeit, um nichts zu tun oder einen Tee zu trinken. Sie können auch gezielte Achtsamkeitsübungen durchführen. Ein Beispiel finden Sie auf Seite 166, dort ist im Rahmen der Übung „Den Diktator zähmen" eine Achtsamkeitsübung vorangestellt.

Finden Sie in Ihrer Wohnung nicht zur Ruhe, können Sie auch allein einen Spaziergang durch einen einsamen Wald unternehmen. Der Anblick von Bäumen zerstreut Ihre Gedanken und fördert gleichzeitig die Konzentration auf sich selbst.

Sind Sie innerlich zur Ruhe gekommen und haben Sie die Einflüsse von außen heruntergefahren, achten Sie auf sich selbst. Hierbei handelt es sich um die Entscheidung, sich genau wahrzunehmen. Alles andere, wodurch Sie von außen abgelenkt werden, wird zur Seite gelegt. Schenken Sie sich Ihre gesamte Aufmerksamkeit. Ihr Blick wendet sich nach innen. Ihre Konzentration gilt nun allein Ihren Empfindungen, Ihre Wahrnehmung ist auf Ihr Erleben und Denken ausgerichtet. Sie achten auf sich und schenken sich ungeteilte Aufmerksamkeit. Sie möchten wissen, was mit Ihnen los ist, was in Ihnen vorgeht und Sie bewegt.

Ähnlich wie ein Höhlenforscher mit einer starken Lampe auch kleine Seitenarme hell erleuchtet, um alles entdecken zu können, richten Sie Ihre Aufmerksamkeit auf die großen Bereiche wie auch auf die kleinen Winkel Ihrer Seele. Sollten Sie sich ablenken lassen, versuchen Sie geduldig, immer wieder aufs Neue die Aufmerksamkeit auf sich zurückzulenken.

Finns Kreislauf der Selbstliebe, Teil 1

Als seine Frau und die Kinder am Samstag zum Einkaufen unterwegs sind, trifft Finn die Entscheidung, sich dem Kreislauf der Selbstliebe zu widmen. Obwohl noch einige Reparaturen im Haus auf ihn warten, nimmt er sich nun einfach einmal eine halbe Stunde Zeit, um sich ins Wohnzimmer zu setzen. Handy und Radio sind ausgeschaltet, nun sitzt er im Sessel und schaut in den Garten.

Nachdem er etwas zur Ruhe gekommen ist, bemerkt er, wie ihm die Tageszeitung auf dem Couchtisch zuzuflüstern scheint: „Lies mich!" Finn räumt die Zeitung außer Sichtweite.

Mehrere Male widersteht er dem Impuls, aufzuspringen und noch etwas zu erledigen. Er bleibt sitzen, konzentriert sich auf eine langsame, ausgeglichene Atmung. Er kommt zur Ruhe und hängt seinen Gedanken nach.

Schritt 2: Selbstwahrnehmung – sein Seelenleben wahrnehmen

Der zweite Schritt schließt unmittelbar an. Sie nehmen wahr, worauf sich Ihre Aufmerksamkeit richtet. Sie registrieren alles an Wünschen, Bedürfnissen, Trauer, Verletzungen, Freude und anderen Gefühlen und Gedanken. Sie betrachten Ihr reichhaltiges Seelenleben, Sie nehmen sich wahr. Selbstachtsamkeit und Selbstwahrnehmung sind Teil Ihres Selbstbewusstseins – Sie werden sich Ihrer selbst bewusst.

Feinde der Selbstwahrnehmung sind das Verdrängen und Verleugnen. Wenn wir verdrängen, versuchen wir, Unangenehmes erst gar nicht zu sehen. Wir verleugnen schmerzhafte Angelegenheiten, die unser Bewusstsein bereits erreicht haben, die aber so belastend für uns sind, dass wir sie schnell wieder wegschieben wollen oder Tatsachen verdrehen, um uns von einem inneren Druck zu entlasten.

Wenn wir aber auf uns achten, nehmen wir unsere Gefühle wahr, die angenehmen genauso wie die unangenehmen. Wir lassen alle Gedanken zu, die uns durch den Kopf schießen, ob sie uns fröhlich stimmen oder uns quälen. Wir moralisieren nicht, wir bewerten und entwerten nicht. Wir sammeln nur, was in uns hochsteigt.

Sie wissen, dass auch unangenehme Gefühle ihren Sinn haben und sehr nützlich sein können. Zunächst nehmen Sie sie einfach nur wahr. Während die Selbstachtsamkeit die Ausrichtung darstellt, den Blick auf sich zu richten, sammelt die Selbstwahrnehmung, was Sie in sich entdecken.

Neben den unmittelbaren Impulsen, die in Ihnen aufsteigen, denken Sie über Entscheidungen nach, die Sie bereits getroffen haben. Wie ist es dazu gekommen, was hat Sie angetrieben, sich so zu entscheiden? Was war und was ist Ihre Motivation? Welche Ziele haben Sie geleitet? Welche Ängste haben Sie beeinflusst? Sie versuchen, so gut es geht, sich selbst zu verstehen und Ihren Gedanken zuzuhören. Zwischen den einzelnen Gedanken und Impulsen bestehen Zusammenhänge, die Sie mal besser und mal weniger gut verstehen. Sie nehmen bewusst wahr, was Sie als Auslöser für bestimmte Gefühle identifizieren. Sie versuchen, die Wechselwirkung und Dynamik zwischen verschiedenen Impulsen und Bedürfnissen zu begreifen. Ausschließlich konzentrieren Sie sich darauf, wahrzunehmen, was Sie finden. Sie bewerten nicht. Sie rechtfertigen sich nicht. Wenn Sie lieben, dann lieben Sie, wenn Sie hassen, dann hassen Sie. Von allem werden Sie etwas in sich finden. Versuchen Sie, die Zusammenhänge Ihres Seelenlebens zu verstehen. Akzeptieren Sie, dass das oft nur in Bruchstücken gelingen wird.

Dann richten Sie Ihre Aufmerksamkeit auf Ihre Erwartungen an die Zukunft. Was wünschen Sie sich? Wonach sehnen Sie sich? Welche Ziele verfolgen Sie? Was ist Ihnen wertvoll? Auch hier ist es nicht Ihre Aufgabe, Antworten zu suchen oder Pläne zu schmieden, sondern einfach nur das wahrzunehmen, was schon vorhanden ist. Es gibt viel in Ihnen zu entdecken, auch an schönen Dingen. Sie bewerten nicht, sondern konzentrieren sich auf das, was Sie finden. Zu diesem Zeitpunkt geht es nicht darum, sich weiterzuentwickeln, sondern allein um die Beobachtung und Wahrnehmung.

Finns Kreislauf der Selbstliebe, Teil 2

Zunächst denkt Finn über die verschiedenen Dinge nach, die noch alle erledigt werden müssen. Nach einigen Minuten entfaltet sich dann in seinem Kopf ein wahres Gedankenfeuerwerk. Wichtige Begegnungen, prägende Erfahrungen und Erinnerungen an völlig unwichtige Details scheinen in seinem Kopf Karussell zu fahren. Finn schaut sich alles in Ruhe an, was in ihm hochsteigt.

Aus dem Durcheinander in seinem Kopf kristallisieren sich zwei Gedanken heraus, die ihn in besonderem Maße bewegen. Seit 15 Jahren ist er jetzt verheiratet. Tiefe Dankbarkeit breitet sich in ihm aus, wenn er an seine Frau denkt. Trotz kleinerer Meinungsverschiedenheiten, die immer mal auftauchen, empfindet er das Leben mit ihr als wertvoll und als unglaubliche Bereicherung.

Dann ist da aber noch die Sache mit dem Nachbarn. Dort, wo in Finns Garten der Rasen gedeihen sollte, sprießen Moose und Flechten, weil der Nachbar zu hohe Tannen direkt an der Grundstücksgrenze stehen hat, sodass der eigene Garten fast vollständig im Schatten liegt. Für die kleinen Grundstücke sind diese Bäume viel zu groß. Finn spürt, wie viel Freude es ihm bereiten würde, diesem Nachbarn mit der geballten Faust mitten ins Gesicht zu schlagen, damit er endlich seine dämlichen Tannen abholzt. Gleichzeitig erschrickt er bei diesem Gedanken.

Er ist versucht, ihn gleich wieder zur Seite zu schieben. Das kann doch nicht sein! Das passt doch überhaupt nicht zu ihm! Dann entscheidet er sich aber, diesen Gedanken sachlich wie ein Nachrichtensprecher zu beschreiben.

Wenn es für Sie ungewohnt ist, auf sich selbst achtzugeben, ist es besonders zu Anfang wichtig, sich in einen ruhigen Raum zurückzuziehen. Alle elektronischen Medien werden ausgeschaltet. Sie sollten nicht von einem Partner oder Ihren Kindern angesprochen werden. Wenn es Ihnen schwerfällt, Stille auszuhalten, erleichtert es den Einstieg in diese Übung, wenn Sie sich zunächst fünf Minuten Zeit nehmen. Wenn Sie geübter sind, können Sie die Zeiträume auf zehn, 15, 20 und 30 Minuten ausdehnen. Als gute Unterstützung dient Ihnen Ihr Tagebuch. Während anfangs eine konsequente Reizabschirmung notwendig ist, werden Sie mit zunehmender Übung fähig, in kurzen Pausen im Alltag auf sich selbst zu achten und sich wahrzunehmen.

Übung

Auf sich selbst achten und sich selbst wahrnehmen

Ziehen Sie sich in einen ruhigen, sicheren Bereich zurück. Treffen Sie für sich die Entscheidung, auf sich selbst zu achten. Sind Sie jetzt dafür bereit?

Bei den folgenden Fragen geben Sie sich Mühe, Ihre Antworten sachlich zu formulieren. Versuchen Sie, Ihr inneres Erleben wie ein Nachrichtensprecher zu beschreiben. Sie beobachten nur. Sie stellen das, was Sie spüren, sachlich dar und bewerten es nicht. Nur diese neutrale Haltung ermöglicht es Ihnen, auch die unangenehmen Gedanken und Gefühle uneingeschränkt zu erfassen. Sie werden sehen, dass auch unsere Schattenseiten mit dieser sachlich-neutralen Grundhaltung viel besser zu ertragen sind, als Sie es zunächst erwarten. Nehmen Sie sich Zeit.

1. Bleiben Sie in der Gegenwart. Was denken Sie? Wenn Sie den Eindruck haben, dass Sie nichts denken, warten Sie ab. Sie können nicht nicht denken. Unser Gehirn ist so konzipiert, dass wir immer etwas denken. Oft wollen wir die Gedankeninhalte nur nicht offenbaren,

weil sie uns zu peinlich sind. Aber jetzt geht es nur um Sie. Schreiben Sie Ihre Gedanken auf.

2. Bleiben Sie weiterhin in der Gegenwart. Was fühlen Sie? Was bewegt Sie? Beschreiben Sie das, was Sie in sich entdecken, sachlich.
3. Wenn Sie betrachten, was Sie denken und fühlen, können Sie eine Verbindung zwischen beidem entdecken? Wenn ja, dann hilft es Ihnen, sich selbst zu verstehen. Wenn nein, dann lassen Sie es unverbunden nebeneinander stehen. Akzeptieren Sie es so, wie es ist.
4. Gehen Sie nun zurück in die Vergangenheit. Inwiefern prägen Erlebnisse aus der Vergangenheit Ihr gegenwärtiges Erleben? Es geht jetzt nicht um eine vollständige Vergangenheitsbewältigung. Das Ziel liegt abermals darin, dass Sie sich selbst wahrnehmen. Wenn es Ihnen gelingt nachzuvollziehen, wie Ihre gegenwärtigen Gedanken und Gefühle durch frühere Begegnungen und Beziehungen beeinflusst werden, erkennen Sie sich ein bedeutendes Stück besser. Denken Sie nach, fangen Sie aber nicht an zu grübeln. Bewerten Sie nichts, bleiben Sie neutral. Verweilen Sie eine Zeit lang in der Vergangenheit und widmen Sie sich dem nächsten Punkt. Wenn Sie das Bedürfnis haben, sich ausführlich mit Ihrer Vergangenheit zu beschäftigen, warten Sie das Kapitel zur Inneren Heilung ab.
5. Wenden Sie nun Ihren Blick in die Zukunft. Wie wollen Sie sie gestalten? Was ist Ihnen wichtig und wertvoll? Welche Wünsche und Bedürfnisse haben Sie? Haben Sie Ziele und Visionen für Ihr Leben? Beschreiben Sie nur das, was schon jetzt vorhanden ist. Auch hier bewerten Sie bitte nichts. Die Frage, ob Ihre Ziele realistisch sind, ist völlig unerheblich. Es ist jetzt nicht von Bedeutung, ob Ihr Lebenstraum einmal zerplatzt oder Wirklichkeit werden wird. Wenn es Ihr Lebenstraum ist, dann ist er ein Teil von Ihnen. Es geht nur darum, diesen Teil wahrzunehmen und anzuerkennen.
6. Gehen Sie nun wieder in die Gegenwart zurück. Was denken und fühlen Sie jetzt? Die zurückliegenden Fragen werden viel in Ihnen angestoßen haben. Beschreiben Sie Ihr Seelenleben, also Ihre Gedanken,

positiven und negativen Gefühle, Wünsche, Bedürfnisse, Ziele und Visionen sachlich.

Schritt 3: Selbstrespekt – respektvoller Umgang mit Gedanken, Gefühlen und Visionen

Mit dem dritten Schritt zollen Sie den Wünschen, positiven und negativen Gefühlen, Gedanken, Bedürfnissen und Sehnsüchten, die Sie in sich entdecken, Respekt. Sie existieren, deshalb respektieren Sie sie. Respektieren heißt anzuerkennen, dass sie da sind.

Sie werden viel Schönes in sich entdecken, das Respekt verdient. Ihre Wünsche, Träume und Bedürfnisse sind wunderbar. Sie sind der Motor Ihres Handelns, das zu einem erfüllten Leben führen soll. Nur wenn Sie die Freiheit haben zu träumen, gelingt es Ihnen, sich Ziele zu setzen, die zuvor gar nicht in Ihrem Blickwinkel waren und von denen Sie zum Teil gar nicht wussten, dass sie existieren.

Selbstrespekt hilft Ihnen, Ihre Ziele und Visionen wahr- und ernst zu nehmen. Kein Gedanke ist belanglos, kein Gefühl unangemessen, kein Bedürfnis übertrieben. Wenn sie in Ihnen aufsteigen, sind sie zu respektieren.

Das klingt einleuchtend. Aber was machen wir, wenn böse oder destruktive Gedanken in uns aufsteigen? Wenn wir zur Ruhe kommen und spüren, dass wir am liebsten unseren Partner verlassen, unsere Arbeit kündigen und unser süßes Kind vor die Wand klatschen würden? Die Antwort bleibt unverändert. Wenn solche Impulse in Ihnen aufsteigen, sollten Sie sie respektieren. Sie sind eine große Last, aber gleichzeitig liegt in ihnen eine riesige Chance.

Solche Gedanken funktionieren wie eine Alarmanlage. Menschen geben viel Geld für Alarmanlagen aus. Destruktive Gedanken bedeuten immer, dass innerlich Alarm geschlagen wird. Sie sind ein Geschenk, denn sie machen uns darauf aufmerksam, dass wir in unserem Leben dringend etwas zum Positiven verändern sollten. Wir halten eine Situation nicht mehr aus und entwickeln zerstörerische Gedanken, die uns auf diese belastende Situation hinweisen. Nur wenn wir sie respektieren, eröffnet sich uns die Möglichkeit, genauer hinzuschauen und zu verstehen, warum es in unserer Seele brennt. Erst dann können wir nach angemessenen Lösungen suchen. Je früher wir auf unsere Alarmanlage hören, desto besser können wir für uns sorgen und Konflikte frühzeitig angehen.

Finns Kreislauf der Selbstliebe, Teil 3
Finn entschließt sich, den heftigen Gedanken an seinen Nachbarn zuzulassen und ihn zu respektieren. Ganz offenbar ist dieser Impuls da, dann gehört er auch respektiert. Finn will ehrlich mit sich umgehen und sich selbst nichts vormachen.

Schritt 4: Selbstannahme – alles in sich bedingungslos annehmen

Im vierten Schritt nehmen Sie alles, was Sie in sich finden, bedingungslos an. Sie bewerten nicht, Sie entwerten nicht und Sie moralisieren nicht. Sondern Sie sagen uneingeschränkt Ja zu allem, was Sie in sich entdecken. Denn Ihre Gedanken und Gefühle, Ihr gesamtes Seelenleben, sind ein Teil von Ihnen. Das sind Sie. Sie schieben nichts mehr weg, sondern sagen ein bedingungsloses Ja zu allem, was Sie in sich finden.

Wir sind keine Richter, sondern Freunde unserer selbst. Genauso, wie wir Freunden beistehen, die in einer Krise stecken, genauso stehen wir uns selbst bei, wenn wir auf die unangenehmen

Anteile unserer Person stoßen. Wir legen sozusagen uns selbst den Arm über die Schulter, geben uns Halt und erkennen unser Seelenleben an. Die dunklen Seiten gehören zu uns. Wir nehmen sie an, wie sie sind.

Grundsätzlich sagen Sie zu allen schönen wie unangenehmen Anteilen, die Sie in sich entdecken, ein uneingeschränktes Ja! Wenn bei der Betrachtung Ihrer positiven Seiten Stolz emporsteigt, nehmen Sie ihn an. Falsche Bescheidenheit legen Sie ab. Stehen Sie zu Ihren Stärken. Wenn sie da sind, sind sie da und gehören angenommen. Alles gehört zu Ihnen. Sie lieben sich selbst und wollen Gutes in Ihr Leben bringen! Ohne Bedingungen zu stellen, nehmen Sie sich so an, wie Sie sind!

Finns Kreislauf der Selbstliebe, Teil 4

Die aggressiven Gedanken lösen Unbehagen aus. Sie verdeutlichen Finn, dass auch er kein Engel ist. Er weiß, dass jeder Mensch in der Lage ist, Böses zu tun. Zwar ist ein Gedanke noch keine Tat, kann aber ein Vorläufer sein. Dass das jetzt so nah an ihn heranrückt, ist wirklich unangenehm. Und nun auch noch der Schritt, diesen zerstörerischen Gedanken als einen Teil von sich selbst anzunehmen. Finn muss sich schütteln. Aber er will der Realität ins Auge sehen. Dieser Impuls kam ja nicht von irgendwo hergeflogen. Er kam aus seinem tiefen Inneren. Also ist er ein Teil von ihm.

Tröstlich ist für Finn, dass ja auch seine erfüllende Beziehung zu seiner Frau ein Teil von ihm ist. Offenbar hat er auch positive Seiten.

Finn entscheidet, den Impuls, dem Nachbarn ins Gesicht zu schlagen, zu umarmen und als einen Teil von sich anzunehmen. „Das bin ich auch!“ Er merkt, wie er sich bei diesem Vorgang innerlich entspannt. Es ist halt so, er muss ihn nicht mehr wegschieben. Es gelingt ihm, mit diesem Stück Selbstannahme innerlich ruhiger zu werden.

In den ersten Schritten haben Sie vieles in sich entdeckt, worüber Sie sich freuen können und was Ihnen wertvoll erscheint. Sie werden aber auch einiges in sich entdeckt haben, das Sie als moralisch schlecht einstufen würden. Bewerten Sie nicht! Nehmen Sie alles, was Sie in sich entdeckt haben, als Teil Ihrer selbst an. Respektieren Sie es, wie es ist.

Übung

Sich selbst respektieren und sich selbst annehmen

1. Nehmen Sie sich selbst bedingungslos an, mit *allen* Anteilen, die Sie in sich entdecken! Falls Sie also denken sollten: „Ich würde am liebsten mein ‚süßes' Kind an die Wand klatschen!", dann akzeptieren Sie diesen Impuls. Er ist ein Teil von Ihnen. Ein „hässlicher" Anteil, wenn Sie ihn bewerten würden. Bewerten Sie aber nicht, sondern lassen Sie diesen Impuls stehen, wie er ist. Wichtig ist, ihn zu verstehen! Das gelingt Ihnen aber nur, wenn Sie ihn neutral betrachten. Sie sind nicht perfekt, genauso wenig wie jeder andere Mensch auf dieser Welt. Stehen Sie zu Ihrer Unvollkommenheit! Nur wenn Sie solche Gedanken zulassen und – wie in diesem Fall – Ihre aggressiven Impulse wahrnehmen, eröffnen Sie sich die Chance, in einem späteren Schritt für die notwendigen Veränderungen zu sorgen.
2. Sagen Sie zu jedem Gedanken, der Ihnen durch den Kopf schießt, zu jedem Impuls, der in Ihnen aufsteigt, und zu jedem Gefühl, das Sie in sich entdecken, ein beherztes: „Ja, ich nehme dich so an, wie du bist!" Atmen Sie jedes Mal einmal tief ein und aus, nachdem Sie diesen Satz klar und deutlich ausgesprochen haben.

Nichts von dem, was Sie in sich tragen, existiert grundlos. Alles hat seine Ursachen. Ob Ihnen diese Zusammenhänge gegenwärtig bewusst sind, ist eine andere Frage. Kein Mensch ist immer in allen Belangen vollständig reflektiert. Deswegen werden auch Sie nicht alles verstehen, was Sie in sich entdecken. Sie können es aber respektieren und annehmen. Gehen Sie geduldig mit sich um!

Schritt 5:
Selbstwert entwickeln – sich als wertvollen Menschen begreifen

Der fünfte Schritt, die Entwicklung von Selbstwert, folgt automatisch auf den vierten. Wenn wir unser Seelenleben respektieren, leiten sich daraus die Einsicht und das Erleben ab, dass wir wertvolle Menschen sind. Weil wir sind, sind wir wertvoll. Das ist auch das Grundverständnis der Demokratie. Bei einer Wahl zählt jede Stimme gleich, unabhängig davon, ob sie von einem Politikprofessor oder von einem Sozialhilfeempfänger abgegeben wird. Werden wir entwertend behandelt, hindert uns das nicht daran, uns für das Wertesystem zu entscheiden, gemäß dem wir als Mensch grundsätzlich wertvoll sind.

Negative Gedanken, die wir in uns entdecken, mögen wir daher zunächst als belastend empfinden, aber sie sind ein Teil von uns. Deshalb sind sie wertvoll. Zerstörerische Impulse, auch wenn wir sie zunächst als abstoßend erleben, können uns sehr nützlich sein. Sie lenken unsere Aufmerksamkeit auf einen wunden Punkt. Irgendetwas führt zu inneren Spannungen. Etwas belastet uns oder macht uns wütend. Nutzen Sie sie als Ihre Alarmanlage, dann eröffnet sich Ihnen die Chance, Veränderungen zum Positiven vorzunehmen. Deshalb ist dieses Warnsystem so wertvoll. Es macht Sie auf Konflikte in Beziehungen oder auf andere Probleme aufmerksam. Innere Anspannung ist wertvoll, weil sie Sie auffordert, frühzeitig nach konstruktiven Lösungen zu suchen. Das ist wunderbar.

Manche Menschen hadern aber mit der Vorstellung, grundsätzlich wertvoll zu sein. Ein Mangel an Selbstwertgefühl ist ein weitverbreitetes Phänomen. Wir haben aber allen Grund, unseren (Selbst-)Wert anzuerkennen. Das möchte ich Ihnen näher erläutern.

Eine Argumentationslinie ist einfach nachzuvollziehen: Glauben wir an einen liebenden Gott und verstehen wir uns als sein Geschöpf, dann sind wir wertvoll, weil wir sein Geschöpf sind. Im christlichen Glauben gibt es kein Fehlverhalten, das nicht vergeben werden könnte. So wertvoll sind wir, dass uns trotz aller Verfehlungen nichts endgültig von der Liebe Gottes trennen könnte! Sind wir geliebt, dann sind wir wertvoll!

Glauben Sie nicht an Gott, existiert eine andere Möglichkeit, den Wert Ihrer Existenz zu beweisen. Dafür schauen wir uns ein grausames Experiment an, das Stauferkaiser Friedrich II. von Sizilien im 13. Jahrhundert durchführen ließ. Er wollte die Ursprache der Menschen herausfinden. Deshalb ließ er Waisenbabys isolieren und nur mit Nahrung und Kleidung versorgen, in der Annahme, dass sie im höheren Lebensalter von Natur aus die Ursprache sprechen würden. Es kam aber anders: Alle Kleinkinder starben. Trotz der materiellen Versorgung sind sie gestorben, weil sie keine emotionale Wärme, also keine Liebe erfahren haben. Liebe ist zum Überleben notwendig. Ohne Liebe kann kein Mensch existieren! Und das ist die gute Nachricht: Wenn Sie leben, und das ist ja anscheinend der Fall, sonst würden Sie diese Zeilen nicht lesen, dann wurden Sie geliebt! Und wenn Sie geliebt wurden, sind Sie wertvoll!

Das klingt plausibel, aber wie sollen wir mit unseren furchtbaren Kindheitserinnerungen umgehen? Was ist mit Schlägen, mit Vernachlässigung, mit Missbrauch und emotionaler Kälte, die wir erlebt haben? Wie sollen wir in Anbetracht dessen davon ausgehen können, dass wir geliebt worden sind? Das klingt verwirrend.

Es ist nicht meine Abstlicht, die negativen Erlebnisse wegzuwischen. Sondern es geht darum, sowohl die positiven als auch die negativen Lebenserfahrungen zu betrachten. Um das zu verstehen, schauen wir auf eine allgemeine Eigenschaft von Beziehungen: Es existiert keine Beziehung, die ausschließlich positiv ist. Selbst wenn wir mit unserem Traumpartner zusammen sind, wird er auch Eigenschaften besitzen, die uns stören. Es existieren also nebeneinander Anteile, die uns anziehen und abstoßen. Jede menschliche Beziehung ist durch Zwiespältigkeit gekennzeichnet. Ideale Beziehungen gibt es nur im Märchen.

Haben Sie Eltern erlebt, unter denen Sie gelitten haben, fällt es Ihnen schwer zu glauben, dass Sie von ihnen auch geliebt worden sind. Es gab viel Grausames, aber irgendwo muss es auch einen Bereich in der Beziehung zu Ihren Eltern gegeben haben, in dem Sie Liebe erfahren haben, selbst wenn er noch so klein war. Menschen können in Beziehungen gleichzeitig lieben und hassen. Diese Erkenntnis ist für viele verwirrend und belastend. Aber die Tatsache, dass Sie atmen, bedeutet, dass Sie geliebt wurden, auch wenn Sie vieles erlitten haben. Das hat Kaiser Friedrich II. bewiesen. Wäre überhaupt keine Liebe da gewesen, wären Sie nicht am Leben. Jeder Atemzug, den Sie tun, beweist, dass Sie auch geliebt wurden. Deswegen können Sie die Entscheidung treffen, Ihr Denken, Fühlen, Trachten und alles, was Sie in sich entdecken, als wertvoll anzunehmen.

Werden unsere Erinnerungen von negativen Erlebnissen unserer Kindheit durchzogen, werden es uns die schmerzlichen Erfahrungen von früher schwer machen, an Liebe zu glauben. Es geht nicht darum, die grausamen Erlebnisse zu entkräften. Wir erkennen die Realität an! Wir haben aber die Möglichkeit, unseren Blickwinkel auf die Momente der Liebe zu fokussieren. Selbst wenn 99 Prozent unserer Kindheit furchtbar waren, haben wir die Möglichkeit, uns auf das eine Prozent zu konzentrieren, zu dem wir geliebt worden sind. Mit diesem einen Prozent können wir uns ausführlich beschäftigen, es genau untersuchen und alle positiven Erlebnisse, die trotz allem auch existierten, in unserem Gedächtnis wachrufen. Wenn wir in unseren Erinnerungen nachforschen, werden wir mehr Glückliches entdecken, als uns aktuell bewusst ist. Genießen Sie diese Erfahrungen, mögen sie auf den ersten Blick auch noch so unscheinbar sein.

Mit der Erkenntnis, geliebt worden zu sein, verbindet sich die Einsicht, dass wir wertvoll sind. Das gibt uns Kraft, uns selbst zu lieben. Wir entdecken viel Wertvolles in uns, wenn wir auf uns achten. Wir entdecken zudem Hässliches und Schmerzvolles, auch das lieben wir, wie eine gütige Mutter, die ihr schmutzverschmiertes, trotziges Kind liebt, das gerade einen Tobsuchtsanfall bekommen hat. Im Umgang mit uns selbst sind wir bessere Eltern, als es unsere leiblichen je sein konnten. Das widerspenstige Auftreten eines Kindes kann die Liebe seiner Mutter nicht erschüttern. Es ist und bleibt ihr Kind, für das sie das Beste will. In derselben Weise lieben wir unsere hässlichen Seiten. Sie gehören zu uns, und wir werden das Beste aus ihnen machen. Wir werden uns später noch intensiv mit dem Thema innere Heilung beschäftigen.

Die Liebe zu sich selbst führt automatisch zur Nächstenliebe. Andere Menschen zu lieben heißt, anderen Gutes zu tun. Tun Sie anderen Menschen Gutes, werden diese Gegenliebe entwickeln, also auch Ihnen Gutes tun. Je mehr Sie sich in dieses Wechselspiel der Liebe hineinbegeben, desto mehr Liebe werden Sie empfangen. Von Mal zu Mal spüren Sie zunehmend Ihren Wert. Sie erleben sich im Hier und Jetzt als wertvollen Menschen. Ihr Selbstwert steigt an. Sie gewinnen an Stärke, es gelingt Ihnen zunehmend, Selbstvertrauen zu entwickeln und selbstbewusst aufzutreten.

Finns Kreislauf der Selbstliebe, Teil 5

Dass der aggressive Impuls etwas Wertvolles haben sollte, erschließt sich Finn zunächst nicht. Aber als er länger darüber nachdenkt, leuchtet ihm das Modell mit der Alarmanlage ein. Er will friedlich mit seinen Nachbarn zusammenleben und keinen Streit vom Zaun brechen.

Finn interpretiert seinen aggressiven Impuls als Aufruf von innen, dass er an seinem Verhalten etwas verändern soll. Bei genauerer Betrachtung hat er seine Wünsche gegenüber seinem Nachbarn zwar schon das eine oder andere Mal angedeutet, sich aber nicht klar geäußert. Finn merkt, wie wichtig ihm sein Anliegen ist, und erkennt den Wert seines aggressiven Impulses an, der ihm als Wegweiser dient, um nun konkrete, allerdings konstruktive Veränderungsschritte vorzunehmen.

Sie haben gesehen, dass Sie ein wertvoller Mensch sind, weil Sie geliebt wurden. Blenden Sie jetzt gezielt alle Situationen aus, in denen Sie sich nicht geliebt fühlten, und konzentrieren Sie sich ausschließlich auf die Tatsache, dass Sie geliebt worden sind, sonst würden Sie ja nicht atmen. Auch wenn Sie nur zu einem Prozent geliebt worden sind, dann konzentrieren Sie sich jetzt auf dieses eine Prozent. Jeder Atemzug ist ein Beweis, dass Sie geliebt und deshalb wertvoll sind! Um diese Erkenntnis spürbar zu machen und zu verinnerlichen, ist folgende Übung hilfreich. Dabei handelt es sich um eine klassische Atemübung (siehe das Buch von Weiss, Harrer und Dietz im Anhang), die ich für unsere Zwecke etwas abgewandelt habe.

Übung

Selbstwert entwickeln

Nehmen Sie sich zwischen fünf und 30 Minuten Zeit, so wie es Ihrem Wohlbefinden und Ihren Fähigkeiten entspricht.

Bevor Sie die Übung beginnen, haben Sie sich entschieden – es reicht eine rationale Entscheidung –, sich selbst als wertvoll anzuerkennen. Sie denken also: „Ich bin ein wertvoller Mensch!" Ist Ihnen dies nicht möglich, entscheiden Sie sich für folgenden Satz: „Ich will mit allen Kräften, die mir zur Verfügung stehen, versuchen, mich als wertvollen Menschen zu begreifen und anzunehmen."

1. Setzen Sie sich auf einen Stuhl oder den Boden, sodass Sie gut ausbalanciert und einigermaßen bequem eine Weile still sitzen können. Wählen Sie einen ruhigen Raum.

2. Richten Sie sich auf und nehmen Sie eine Position ein, die – als Hilfsvorstellung – Würde ausdrückt. Sie können sich auch vorstellen, ein Faden am Scheitel würde Ihren Kopf nach oben ziehen.
3. Schließen Sie die Augen, oder wenn Sie dazu neigen, schläfrig zu werden, richten Sie Ihren Blick auf einen Punkt etwa zwei Meter vor Ihnen auf dem Boden.
4. Spüren Sie, wo Ihr Körper Kontakt mit der Unterlage hat, wo er getragen und unterstützt wird. Nehmen Sie wahr, wie sich das anfühlt.
5. Werden Sie sich Ihres Atems bewusst, wo sich Ihr Körper im Atemrhythmus bewegt und wie genau, in der Brust und im Bauchraum.
6. Wenn der Atemstrom in den Körper fließt und wieder heraus, lenken Sie Ihre Aufmerksamkeit auf die sich stetig verändernden Empfindungen in Ihrer Bauchdecke. Bleiben Sie mit der Aufmerksamkeit während des Einatmens und des Ausatmens dabei, von einem Atemzug zum nächsten. Spüren Sie das Heben und Senken der Bauchdecke.
7. Erlauben Sie Ihrem Körper, einfach in seinem Rhythmus zu atmen. Sie brauchen nichts zu verändern oder zu kontrollieren, beobachten Sie einfach die Empfindungen, von einem Moment zum nächsten.
8. Begleiten Sie das Einatmen mit dem Gedanken „Ich bin …". Wenn Sie langsam ausatmen, denken Sie „… geliebt". Beim nächsten Atemzug begleiten Sie das Einatmen mit „Ich bin …". Wenn Sie langsam ausatmen, denken Sie „… wertvoll". Begleiten Sie abwechselnd jeden Atemzug mit diesen Gedanken.
9. Sobald Sie bemerken, dass andere Gedanken auftauchen, lenken Sie Ihre Aufmerksamkeit einfach wieder zurück zur Bewegung der Bauchdecke und auf Ihre Gedanken „Ich bin geliebt" und „Ich bin wertvoll". Tun Sie das immer und immer wieder. Wenn Sie 20 Mal abschweifen, bringen Sie Ihre Aufmerksamkeit 21 Mal wieder zurück. Das ist der ganz normale Prozess und hilft, Ihre Fähigkeit zur (Selbst-)Achtsamkeit und die Anerkennung Ihres (Selbst-)Werts zu entwickeln.

10. Haben Sie Geduld mit sich selbst. Wenn Sie sich selbst kritisch bewerten, bemerken Sie dies und lenken dann die Aufmerksamkeit wieder zurück zum Atem und dem Gedanken des Selbstwerts.
11. Beenden Sie die Übung, indem Sie Ihre Aufmerksamkeit wieder auf den ganzen Körper ausweiten und auf den Raum, in dem Sie sitzen.
12. Öffnen Sie die Augen oder lassen Sie Ihren Blick im Raum herumschweifen und seien Sie bereit und wach für das, was als Nächstes auf Sie zukommt.

Schritt 6:
Selbstvertrauen – durch das Bewusstsein seiner selbst sich selbst vertrauen

Selbstwertgefühl führt uns zu dem sechsten Schritt, nämlich Selbstvertrauen. Da wir uns immer besser kennenlernen, wissen wir, was wir von uns erwarten können und wo unsere Stärken und Schwächen liegen. Und da wir uns mit unseren Regungen und Gefühlen auseinandergesetzt haben, können wir unseren Wahrnehmungen vertrauen. Wir kennen uns. Wir entwickeln Selbstvertrauen.

In den zurückliegenden Schritten haben Sie sich ausgiebig mit sich selbst beschäftigt. Sie wissen, was Sie denken, fühlen und wollen. Sie haben ein vertieftes Verständnis von sich selbst entwickelt. Sie wissen nicht nur, was Ihnen wichtig ist, sondern auch, warum Ihnen etwas wichtig ist. Dabei ist Ihnen bewusst, dass Sie einen subjektiven Blickwinkel haben. Es ist nicht von Bedeutung, ob Sie „die Wahrheit" entdecken, die Allgemeingültigkeit besitzt, sondern Sie wissen, was Sie erleben, was Sie sich wünschen, was für Sie von Bedeutung ist, was Sie als unerträglich empfinden und woran Sie sich erfreuen.

Gerade weil Sie auch Ihre Schwachstellen in der Selbstreflexion kennengelernt haben, können Sie sich vertrauen. Sie müssen nun nichts mehr vorgeben, was Sie nicht sind oder nicht können. Sie stehen zu Ihren Stärken und akzeptieren Ihre Schwächen. Dadurch vermindert sich die Gefahr, dass Sie sich überfordern. Wenn Sie etwas nicht können, bitten Sie um Hilfe. Sie kennen Ihre Möglichkeiten und Grenzen, deshalb vertrauen Sie sich und versprechen nur, was Sie auch halten können.

Im alltäglichen Leben ist es notwendig, sich Meinungen zu bilden und Standpunkte zu vertreten. Häufig können wir nicht für andere sprechen, aber bezogen auf unsere Person können wir immer eine Meinung vertreten. Respektieren Sie den Blickwinkel Ihres Gegenübers und respektieren Sie Ihr Erleben, dem Sie vertrauen. Sie setzen sich für Ihren Standpunkt ein, weil Sie sich vertrauen, und Ihr Gegenüber setzt sich für seinen Standpunkt ein. Achten Sie auf sich und gehen Sie nur Kompromisse ein, die Sie für vertretbar halten. Wenn Sie geben, dann geben Sie von Herzen. Grenzen Sie sich aber eindeutig ab in Bereichen, in denen Sie zu keinem Kompromiss bereit sind. Sie kennen sich und vertrauen sich.

Keiner kann Ihnen mehr sagen, dass Ihre Wahrnehmung „falsch" sei. Wie oft begegnen wir Menschen, die zu wissen meinen, was wir zu denken oder zu fühlen haben. – „Du musst jetzt nicht traurig sein." Wenn wir traurig sind, dann sind wir es, und wir vertrauen unserer Trauer. Kein Mensch hat das Recht, sich anzumaßen, unsere Gefühle zu beurteilen. Wir kennen unser Gefühlsleben, nur wir nehmen es wahr! Wir leben mit unseren Gefühlen. Wir haben allen Grund, der Echtheit unserer Gefühle zu vertrauen, weil nur wir sie erleben. Wir vertrauen unserer Wahrnehmung und uns selbst. Es existiert kein Grund auf dieser Welt, unserer Wahrnehmung nicht zu vertrauen. Wir haben Selbstvertrauen.

Finns Kreislauf der Selbstliebe, Teil 6
Finn überlegt, wie er an der Situation etwas verändern kann. Er sucht nach Möglichkeiten, wie er mit dem Nachbarn ins Gespräch kommen könnte, um ihm freundlich, aber eindeutig seinen Wunsch zu übermitteln, dass die Bäume gefällt werden sollten. Er spielt in Gedanken ein solches Gespräch immer wieder durch. Dabei ist die Heftigkeit seines aggressiven Impulses eine gute Stütze, sein Anliegen ernst zu nehmen und entsprechend klare Formulierungen zu finden, ohne anklagend oder verletzend zu werden.

Zunächst wirken diese Gedankenspiele verunsichernd. Doch je öfter Finn das fiktive Gespräch wiederholt, desto mehr Übung bekommt er und wird sicherer. Er merkt, dass er sich vertrauen kann. Er weiß genau, was er will. Er hat nun einen Weg gefunden, sein Anliegen eindeutig zu formulieren, ohne übergriffig oder unfreundlich zu werden. Das lässt sein Vertrauen zu sich selbst wachsen. Die Zuversicht wächst, in dieser Angelegenheit eine Lösung zu finden.

Schritt 7: Selbstsicherheit – sich seiner selbst sicher sein und sicher auftreten

Schon sind wir beim siebten Schritt angelangt. Das Vertrauen zu uns selbst gibt uns Sicherheit. Wir haben uns so intensiv mit uns beschäftigt, dass wir unserer Wahrnehmung vertrauen und diese dann mit Sicherheit nach außen vertreten können. Wir können selbstsicher auftreten. Durch die Kenntnis unseres Seelenlebens sind wir unabhängig geworden und können selbstbewusst für unseren Standpunkt einstehen.

Reagiert Ihr Gegenüber auf die Darstellung Ihrer Sichtweise und Meinung mit Kritik, begegnen Sie dieser nicht mit Überheblichkeit, sondern nehmen sie ernst und überprüfen sie. Ein Kernbestandteil der Überprüfung besteht darin, die Kritik in sich wirken zu lassen, um dann die eigene Reaktion darauf zu analysieren. Damit wären Sie wieder bei Schritt 1 angelangt.

Dasselbe tun Sie, wenn Sie eine positive Resonanz auf Ihr Verhalten erhalten. Genießen Sie diese und lassen Sie sich durch sie stärken. Auch das gelingt nur, wenn Sie wieder zu Schritt 1 gehen.

Haben wir Selbstvertrauen, gewinnen wir an Selbstsicherheit. Wir sind uns unserer selbst sicher, weil wir uns geprüft und infrage gestellt haben. Wir haben uns kritisch betrachtet und unsere Schwachstellen analysiert. Wir kennen unsere Stärken. Aus diesen Erkenntnissen sind Überzeugungen entstanden, derer wir uns sicher sein können, weil wir sie auf eine feste Grundlage stellen können, nämlich der Auseinandersetzung mit uns selbst. Dadurch gewinnen wir an Selbstsicherheit. Schließlich können wir unserer Wahrnehmung so sehr vertrauen und uns so sicher sein, dass wir unsere Position und unsere Meinung nach außen vertreten können, auch in Situationen, in denen alle anderen genau das Gegenteil befürworten.

Wir haben Antworten gefunden, die auf unserem inneren Erleben basieren und die wir so sehen, weil sie auf unserem Erfahrungsschatz aufbauen. Deshalb können wir im Vertrauen auf uns selbst, weil wir wissen, was wir können und wollen, und weil wir uns unserer selbst sicher sind, in die Auseinandersetzung mit unserem Gegenüber treten. Wir treten für unseren Standpunkt mit einer tief in uns verwurzelten Sicherheit ein.

Nachdem Sie sich innerhalb einer Beziehung ausgetauscht haben, gehen Sie wieder zu Schritt 1. Spüren Sie nach, was der Kontakt zu Ihrem Gegenüber in Ihnen auslöst. Beobachten Sie Ihr Denken und Fühlen, um sich besser zu verstehen und den Kreislauf der Selbstliebe von Neuem zu durchlaufen.

Finns Kreislauf der Selbstliebe, Teil 7

Als Finn bei nächster Gelegenheit seinen Nachbarn im Garten anspricht, gelingt es ihm, sein Anliegen eindeutig vorzubringen. Da er dieses Gespräch in Gedanken wiederholt geübt hat, hat er die innere Sicherheit und den Halt, trotz der skeptischen Haltung seines Gegenübers seine Meinung eindeutig darzulegen. Der Nachbar reagiert zurückhaltend und ausweichend, eine Lösung ist zunächst nicht in Sicht.

Finn durchläuft den Kreislauf der Selbstliebe erneut, ist trotz des ausbleibenden Erfolgs zufrieden mit sich, da er umgesetzt hat, was er sich vorgenommen hatte. Er sucht konzentriert nach neuen Möglichkeiten, mit seinem Nachbarn einen Schritt weiterzukommen.

Eine Woche später, als er wieder mit ihm ins Gespräch kommt, zeichnet sich ein Kompromiss ab. Man könnte die Bäume auf Heckenhöhe gipfeln. Abermals druckst der Nachbar herum. Das sei ja eine teure Angelegenheit. Als Finn ihm entgegnet, dass er schon länger keinen Gebrauch von seiner Motorsäge gemacht habe und das gerne übernehmen würde, werden die beiden sich einig.

Wieder eine Woche später erstrahlt Finns Garten in neuem Licht. Er ist nun froh, sich selbst ernst genommen zu haben. Die Sache mit den Bäumen hatte offenbar eine deutlich größere Bedeutung als er es sich lange Zeit eingestehen wollte. Seine aggressive Fantasie hat ihm einen wertvollen Hinweis gegeben, jetzt aber ist sie verblasst. Die Beziehung zu seinem Nachbarn ist nun herzlich und entspannt.

Sie haben sich intensiv mit Ihrem Seelenleben auseinandergesetzt. Sie haben Ihre Gedanken, Gefühle, Bedürfnisse und Sehnsüchte angeschaut. Sie haben sich entschieden, sich selbst als wertvollen Menschen anzuerkennen. Sie haben schon ungeheuer viel geschafft. Der sechste und siebte Schritt führen uns nun in die Umsetzung. Selbstliebe zeigt sich im Alltag. Nur wenn wir sie leben, hat sie Substanz. Es geht also nun um einen Veränderungsschritt auf der Handlungsebene.

Übung

Sich selbst vertrauen und seiner selbst sicher sein

1. Sie haben sicherlich mehrere Bereiche identifiziert, in denen Sie etwas verändern wollen. Fällt Ihnen eine Situation ein, in der Sie sich bislang zu schnell haben verunsichern lassen? Suchen Sie einen beliebigen Punkt heraus, an dem Sie etwas verändern wollen, und konzentrieren Sie sich nur auf diese eine Beispielsituation, in der Sie sicherer auftreten wollen.
2. Sie haben über Ihre Sehnsüchte und Visionen nachgedacht. Sie kennen Ihre großen Ziele. Lassen Sie diese jetzt in den Hintergrund treten, ohne sie ganz aus den Augen zu verlieren, und überlegen Sie, wie der erste Schritt in die Zielrichtung aussehen könnte. Was wollen Sie tun, um in der unter Punkt 1 ausgewählten Situation an Selbstsicherheit zu gewinnen? Es geht jetzt nur um den *ersten* Schritt in Richtung Ihres Ziels. Nicht um die, die danach folgen. Nehmen Sie Ihr Tagebuch zur Hand.
3. Überprüfen Sie den ersten Schritt. Ist er wirklich nicht zu groß? Gibt es bei diesem ersten Schritt möglicherweise noch Zwischenschritte, deren Erreichen für Sie realistischer ist?
4. Überprüfen Sie, ob Sie zuversichtlich sind, dass Sie diesen ersten Schritt gehen können. Wenn Zweifel aufkommen, dann verkleinern Sie den ersten Schritt so lange, bis Sie wirklich davon überzeugt sind, dass Sie Ihren ersten Schritt gehen können.
5. Antizipieren Sie diesen Veränderungsschritt. Das heißt, spielen Sie Ihr verändertes Verhalten in Gedanken durch. Wenn Sie sich zum Beispiel vornehmen, sich zu Wort zu melden, wenn Sie etwas stört, dann spielen Sie gedanklich eine beispielhafte Situation durch. Was würden Sie in dieser Situation sagen? Wie würden Sie sich verhalten? Wie würde sich das anfühlen? Spielen Sie solche Beispielsituationen immer wieder durch und verändern Sie sie so lange, bis Sie in

Ihrer Vorstellung eine Form Ihrer neuen Verhaltensweise entwickelt haben, hinter der Sie ganz und gar stehen können! Üben Sie dieses Verhalten in Ihrer Vorstellung so lange, bis die neue Verhaltensweise sich fast ganz normal für Sie anfühlt.

6. Nun geht es hinaus in die Realität! Setzen Sie um, was Sie sich vorgenommen haben! Schrauben Sie Ihre Ansprüche an sich selbst nicht zu hoch! Es muss nicht perfekt sein. Sie wollen *etwas* verändern. Es ist viel wichtiger, dass sich überhaupt etwas verändert, als dass Sie sich perfekt verhalten. Gehen Sie geduldig und freundlich mit sich um!
7. Geschafft! Sie haben etwas verändert! Sehr gut! Auch wenn Ihre Gefühle in Anbetracht Ihres neuen Verhaltens erst einmal Achterbahn fahren, Sie haben sehr viel bewegt! Sie haben gesehen, dass Veränderung möglich ist. Sie haben erfahren, dass Sie sich selbst vertrauen können. Nur dadurch ist Ihnen das neue Verhalten gelungen. Je öfter Sie diesen Schritt wiederholen, desto mehr Selbstsicherheit werden Sie entwickeln. Das geht nur in kleinen Schritten, aber es geht Stück für Stück voran. Um das veränderte Verhalten kritisch zu reflektieren, kehren Sie zurück zu Schritt 1 und durchlaufen den Kreislauf der Selbstliebe von Neuem. Lassen Sie sich Zeit und bereiten Sie sich in Ruhe auf den nächsten Veränderungsschritt vor!

Den Kreislauf der Selbstliebe haben wir künstlich in sieben Schritte unterteilt. Jeder Schritt hat seine Berechtigung, aber kein Schritt ist unabhängig von den anderen zu betrachten. Im alltäglichen Leben entstehen rasch Wechselwirkungen zwischen den einzelnen Schritten. Zunächst ist es aber notwendig, dass wir uns für den Kreislauf der Selbstliebe Zeit lassen. Übung macht den Meister! Wenn wir uns selbst nicht lieben, können wir auch andere nicht lieben. Selbst wenn wir die höchsten Ziele erreichen, wenn wir beruflich durchstarten und erfolgreich sind, wenn wir unseren Traumpartner finden, wird alles hohl und leer bleiben, wenn wir nicht die Kunst der Selbstliebe beherrschen. Umgekehrt gewinnen kleinste Fortschritte eine tiefe Bedeutung für uns, wenn wir uns selbst lieben. Wir lernen wieder, uns über kleine Dinge zu freuen, die sich Stück für Stück in einem Mosaik aus kleinen Steinen des Glücks zu einem großen wunderschönen Bild zusammenfügen werden.

Georgs Kreislauf der Selbstliebe

Als ich Georg kennenlerne, berichtet er mir, dass er eigentlich alles in seinem Leben erreicht hat. Er hat eine wunderbare Frau getroffen und geheiratet, drei Kinder in die Welt gesetzt und ist als Selbstständiger in der Kunststoffbranche erfolgreich. Eigentlich ist alles prima, wäre da nicht das Alkoholproblem. Über viele Jahre hat sich die Menge allmählich gesteigert. Er hat sich nie betrunken und ist nirgendwo negativ aufgefallen. Zuletzt hat er aber bemerkt, dass er es in seiner Firma schleifen lässt und Ernsthaftigkeit und Konzentration nachlassen. Aufgrund seines Verantwortungsbewusstseins für die Firma und die Familie hat er beschlossen, sein Alkoholproblem in Angriff zu nehmen und zukünftig alkoholfrei zu leben.

Den Grund, warum er trinkt, kann er nicht benennen. Er hat doch eigentlich alles, was er will, alles, um gesellschaftlich als erfolgreich dazustehen. In unseren Gesprächen kommen wir an einen Punkt, an dem Georg von zwei Zementsäcken berichtet, die er auf je einer Schulterseite spürt.

Der eine Sack steht für seine Familie. Die Verantwortung für sie ist groß. Die zwei älteren Kinder sind inzwischen in der Pubertät, es gibt eine Menge Auseinandersetzungen mit ihnen. Ein Sohn ist mit 17 Jahren von zu Hause ausgezogen. Es hat einen riesigen Krach gegeben. Georg hat das Gefühl, ihn nicht mehr erreichen zu können. Das ist quälend. Auch die Beziehung zu seiner Frau ist nicht einfach. So komisch es klingen mag, das Problem liegt darin, dass seine Frau zu perfekt ist. Sie managt den Familienalltag und hilft in der Firma. Sie scheint alles richtig zu machen. Sie macht ihm nicht einmal Vorwürfe wegen seines Alkoholkon-

sums. Gleichzeitig weiß sie gut für sich zu sorgen. Sie ist eine starke Frau und kann ihre Wünsche klar formulieren. Sie weiß, was sie will.

Im Gegensatz zu Georg. Ihm fällt es schwer, zu ergründen, was ihm gerade wichtig ist. In der Regel richtet er sich nach den anderen. Wenn er von der Arbeit nach Hause kommt, gibt es allerhand zu tun. Ständig spürt er Verpflichtungen. Georg ist es gewohnt, immer zu helfen, es möglichst immer allen recht zu machen. Natürlich ist er auch zur Stelle, wenn seine Frau ihn braucht. Es ist eine Selbstverständlichkeit für ihn, gleichzeitig aber auch eine Last. Er fühlt sich insgeheim eingeengt und unfrei. Alkohol ist da ein wirksames Mittel, um sich aus dem Alltagsgeschäft herauszuziehen. Und um innerlich zur Ruhe zu kommen. Georg hat nur das Problem, dass sich diese Freiheit allmählich in ein düsteres Gefängnis verwandelt.

Mit der Arbeit verhält es sich ähnlich. Hierfür steht der zweite Zementsack auf seiner anderen Schulter. Er ist ein guter Chef, kümmert sich um alles. Er weiß genau, was in seiner Firma los ist, welcher Mitarbeiter welche Stärken hat, welches Projekt gerade gut läuft und woran es bei einem anderen hapert. Er hat ein hohes Kontrollbedürfnis und fühlt sich für alles zuständig.

Das wissen auch seine Mitarbeiter. Für sie ist es bequem, immer mal wieder ein Häufchen Probleme bei ihrem Chef abzuladen. Das kann zum Beispiel so aussehen: Ein Mitarbeiter kommt in Georgs Büro und beklagt sich über das unmögliche Verhalten eines Kollegen. „Kannst du dem sowieso bitte sagen, er soll das und das Verhalten bitte unterlassen!“ Und kurz danach verabschiedet sich der Mitarbeiter freundlich. Georg wird also die Aufgabe zugeschoben, dafür zu sorgen, dass der beschuldigte Mitarbeiter sein Verhalten ändert. Dieser wird sicherlich die Situation ganz anders schildern, wenn er mit ihr konfrontiert wird. Dann kann Georg zwischen den beiden Mitarbeitern hin- und herlaufen und schauen, wie sich das Problem lösen lässt. Erfolgreich hat sein Mitarbeiter ihm die Last auf die Schulter geladen. Georg fühlt sich durch sein Verantwortungsbewusstsein für seine Firma eingeengt und unter Druck gesetzt. Wieder nutzt er dann später am Tag Alkohol, um sich von diesem Druck zu entlasten.

In unseren Gesprächen stelle ich an bestimmten Punkten die Frage: „Wer achtet eigentlich auf Sie? Sie kümmern sich um die Bedürfnisse Ihrer Frau, Ihrer Kinder, Ihrer Mitarbeiter, aber wer kümmert sich eigentlich um Ihre Anliegen?" Georg zuckt mit den Schultern. Es gibt keinen. Georg weiß genau, was er tun muss, um die Wünsche seiner Frau, seiner Kinder und seiner Mitarbeiter zu erfüllen. Bei seinen Kunden steht er ganz hoch im Kurs. Bester Service. Er weiß genau, wie er sie zufriedenstellen kann. Aber wer auf seine Wünsche achtet, weiß er nicht.

Georg beklagt sich darüber, dass seine Frau egoistisch sei. Um ihn kümmere sie sich nicht. Ich entgegne Georg: „Wenn Sie selbst nicht wissen, was Sie wollen und sich wünschen, woher soll es dann Ihre Frau wissen?"

Georg begreift, dass er der beste Fachmann für sich ist. Kein Mensch auf dieser Welt kann so gut wie Georg wissen, was er braucht und was er sich wünscht. Die anderen können es höchstens erahnen. Georg ist aber der Einzige, der wirklich ergründen kann, wie seine Bedürfnisse aussehen. Er entschließt sich, damit anzufangen, seine Wünsche und Bedürfnisse wahrzunehmen und für sich zu sorgen. Er setzt sich intensiv mit dem Kreislauf der Selbstliebe auseinander.

Um zu den eigenen Gefühlen, Sehnsüchten und Wünschen einen besseren Zugang zu bekommen, legt er nach der Arbeit eine erste Pausenzeit ein. Wenn er nach Hause kommt, macht er zunächst einmal einen kurzen Spaziergang durch das nahe gelegene Wäldchen. In dieser Zeit sortiert er sich und reflektiert den hinter ihm liegenden Arbeitstag. Er setzt sich für den nächsten Tag Prioritäten. Dann nutzt er die Zeit, nachzuforschen, wie es ihm eigentlich geht, was er an seinem Feierabend noch machen will und was nicht.

Georg lernt, dass auch „nichts tun" einen festen Platz im Terminkalender haben muss. In einer fünfköpfigen Familie überschlagen sich in der Regel die zu bewältigenden Aufgaben und Termine. Wenn er dann nicht ein klares Signal sendet, dass er zum Beispiel an einem festgelegten Abend nichts Besonderes mehr machen möchte, wird er von den Anliegen seiner Kinder und seiner Frau automatisch in Beschlag genommen. Des-

halb ist es wichtig, sich klar auszudrücken, wenn er sich abends einfach nur ausruhen will.

Georg entwickelt auch eine neue Gesprächskultur mit seiner Ehefrau. Nach Zeiten der Ruhe kann er seine Bedürfnisse recht gut erfassen und diese seiner Ehefrau mitteilen. Sie ist anfangs verwundert und erwartet von ihm, dass er wie immer funktioniert. Nachdem er ihr aber verständlich gemacht hat, dass er trotz ihrer Wünsche, zum Beispiel am Wochenende den Garten winterfest zu machen, das Wochenende zum Ausspannen nutzen wird, begreift sie, dass er es ernst meint. Nach und nach erfasst seine Frau die Bedeutung, die eigenverantwortliches Handeln für ihren Mann und auch für sie hat. Sie merkt, dass er – je klarer er seine Anliegen formuliert – mit der Zeit gelassener und umgänglicher wird. Die Beziehung gewinnt an Tiefe, der gegenseitige Austausch an Intensität und Klarheit. Es ist ein Gewinn für beide Seiten. Allmählich entwickelt sich eine neue Qualität in ihrer Beziehung, die es auch ermöglicht, neue Strategien in Erziehungsfragen zu besprechen und umzusetzen.

In der Firma entwickelt Georg sich ähnlich. Er fängt an, selbst zu bestimmen, welche Aufgaben er übernimmt und welche nicht. Als das nächste Mal ein Mitarbeiter zu ihm kommt, um sich über einen anderen zu beschweren, hält Georg die Angelegenheit kurz. Er beauftragt den Mitarbeiter, mit dem Kollegen zu sprechen und die Sache untereinander zu klären. Sollte diese Vorgehensweise ohne Erfolg bleiben, könnten sie dann ein Gespräch zu dritt führen. Georg weiß, dass er die Aufgaben der anderen nicht mehr übernehmen will. Noch deutlicher ist ihm geworden, dass er lernen muss, mehr zu delegieren. Nachdem seine Mitarbeiter die Verantwortung für ihre Streitigkeiten zurückbekommen haben, lässt die Häufigkeit solcher Beschwerden rasch nach. Georg und seine Angestellten verbringen nun die meiste Zeit damit, sich über Arbeitsinhalte auszutauschen, und nicht mehr mit der Beschäftigung mit sich selbst, wie in der Vergangenheit. Das entlastet Georg und steigert die Produktivität. Georg wird ein zunehmend zufriedener Mensch – ohne Alkohol.

KAPITEL 14

Innere Heilung

Menschen, die unter belastenden familiären Bedingungen aufgewachsen sind, unter denen sie nur wenig Liebe erfahren haben, tun sich schwer damit, den fünften Schritt im Kreislauf der Selbstliebe zu gehen, nämlich sich selbst als wertvollen Menschen anzunehmen, weil sie liebenswert sind. Der Zweifel am eigenen Wert steckt sehr tief. Wir werden uns nun mit einer Methode auseinandersetzen, mit der wir *erfahren* können, wie es sich anfühlt, aus tiefstem Herzen geliebt zu werden.

Kinder sind auf Gedeih und Verderb auf ihre Eltern angewiesen. Die Welt der Erwachsenen ist fremd, riesig und undurchschaubar. Kinder benötigen Schutz und Führung durch den Dschungel der großen weiten Welt. Sie sind davon abhängig, dass ihre Eltern für sie sorgen, ihnen zu essen geben und sie kleiden. Wenn sie das Gefühl haben, von ihren Eltern nicht alles zu bekommen, was sie benötigen, fühlen sie sich existenziell bedroht. Sie können auf die Versorgung durch sie nicht verzichten. Erleben sie einen Mangel an Zuwendung, Rückhalt, Anerkennung, Fürsorge, Liebe oder an materiellen Dingen, löst das Angst aus. Sie verankert sich tief in ihrem Unbewussten. Solche Erfahrungen können ihr Erleben prägen und sich auf ihr gesamtes Leben negativ auswirken.

Wenn wir erkennen, dass wir als Kinder zu kurz gekommen sind und solche Wunden in uns tragen, ist es angebracht, über die vermisste Liebe und Fürsorge zu trauern. Der Trauerprozess benötigt seinen eigenen Raum und seine Zeit. Ein anrührendes und tiefgründiges Buch über Trauer hat Verena Kast geschrieben (siehe Literatur). Trauer ist Teil eines Selbstheilungsprozesses, den wir auf unterschiedliche Weise gestalten können. Trauerarbeit ist der erste Schritt in Richtung Selbstheilung.

Wenn Sie sich aufmachen, Ihren inneren Frieden zu finden, erkennen Sie als Basis Ihrer Entwicklung an, dass Sie ein erwachsener Mensch sind, der Verantwortung für sich übernehmen kann. Sie entscheiden sich für einen Selbstheilungsprozess, in dem Ihnen verschiedene Möglichkeiten zur Verfügung stehen.

Prägende Erinnerungen tragen wir als Bilder in uns

Als Erwachsene tragen wir Erinnerungen in uns, die uns als Kind tief beeindruckt haben. Wir können diese prägenden Situationen, die als Bilder bezeichnet werden, noch heute nachempfinden und nacherleben. Oft sind sie mit sinnlichen Eindrücken verbunden. Wenn wir uns erinnern, fühlen wir heute noch so wie damals, spüren Berührungen auf der Haut, nehmen Gerüche von damals wahr, können uns an die Reaktion wichtiger Personen verbunden mit der eigenen inneren Resonanz erinnern. Situationen, die uns als Kind tief berührt haben, haben unser Selbstbild geprägt, und wir haben aus ihnen Selbstüberzeugungen abgeleitet. Wenn wir genau hinschauen, spüren wir sowohl die glücklichen Momente als auch die Verletzungen von früher.

Wenn ich im Folgenden von „Eltern“ spreche, dann kann dieser Begriff durch eine beliebige Person ersetzt werden, die prägend auf Sie gewirkt hat. Betonen möchte ich auch, dass es bei den folgenden Überlegungen nicht um die Schuldfrage geht. Ich beschreibe nur, was Menschen so oder ähnlich erlebt haben.

Viele sind unter schwierigen familiären Bedingungen groß geworden. Zwar wurden sie von ihren Eltern auch geliebt, haben aber häufig Signale wie diese empfangen: „Wie du es machst, es ist immer verkehrt!" Oder: „Du kannst dich anstrengen, wie du willst, das Ergebnis könnte noch besser sein!" Das sind typische Ja-aber-Botschaften wie „Ja, du bist ein hübsches (braves) Kind, aber Nachbars Tochter ist ja noch viel hübscher (braver)." Nie ist es genug, nie können die Kinder zur Ruhe finden. Der sehnsüchtig erwartete Moment, in dem sie ohne Wenn und Aber Geborgenheit und Liebe erfahren könnten, will einfach nicht kommen. Es existieren zu wenige Gelegenheiten, in denen sie sich an dem Erfolg ihrer Anstrengungen und Bemühungen erfreuen könnten.

Wenn Kinder ständig mit solchen Botschaften konfrontiert werden, nehmen sie sie als die „Wahrheit" an und resignieren innerlich. Sie passen sich als „brave" Kinder der Einschätzung ihrer Eltern an. Woher sollten sie auch die Kraft nehmen, um sich gegen diese Botschaften aufzulehnen? Unbewusst gelangen sie zu der Überzeugung, dass sie nicht so liebenswert wie andere Kinder sind. „Wenn Mama immer sagt, dass ich es immer noch besser machen könnte, dann muss das ja wahr sein! Sie ist ja meine Mama. Ich bin eben ein schlechtes Kind, das sich nicht anstrengt", könnte die unbewusste Reaktion auf solche Vorhaltungen sein. Ein unzureichend ausgebildetes Selbstwertgefühl ist das Ergebnis. Erst recht, wenn wir vielleicht noch viel Schlimmeres erlebt haben.

Wenn wir uns selbst kaum etwas zutrauen oder uns selbst entwerten, weil wir, unbewusst und der kindlichen Natur entsprechend, unkritisch die Haltung unserer Eltern übernommen haben, haben wir größte Schwierigkeiten, im Erwachsenenleben Entscheidungen zu treffen.

Entscheidungen bringen immer etwas Neues mit sich. Neues wirkt verunsichernd. Sind wir sowieso zutiefst verunsichert, weil wir uns selbst nicht vertrauen können, steigt die Bereitschaft, einen hohen Preis zu zahlen, um uns nicht noch mehr verunsichern zu lassen: Wir gehen Entscheidungen aus dem Weg. Das führt dazu, dass wir in unerträglichen Situationen ausharren und es nicht wagen, konkrete Entscheidungen für positive Veränderungen zu treffen. Dieses Dilemma zu verstehen kann zwar eine Einsicht in die Problematik ermöglichen, aber deshalb weiß man noch nicht, wie man die Situation verändern könnte.

Den ersten großen Schritt haben Sie schon geschafft, indem Sie einen Einblick in die Entstehungsgeschichte Ihres Befindens und Ihrer inneren Konflikte gewonnen haben. Und nun folgt eine weitere wichtige Erkenntnis: Was Sie quält, sind nicht mehr Ihre realen Eltern, wie sie heute leben. Sondern es geht um die Bilder Ihrer Eltern, die in Ihrem Kopf existieren. Das ist ein entscheidender Unterschied. Menschen können Sie nicht verändern, Bilder sehr wohl.

Unsere Bilder begleiten uns bis ins hohe Lebensalter. Fragt man alte Patienten in einer psychiatrischen Klinik nach ihren Eltern, berichten sie häufig, sehr unter Vater und Mutter gelitten zu haben. Wenn man mit den Patienten spricht, entsteht der Eindruck, als wäre das, was sie schildern, gerade erst gestern geschehen. Diese Verletzungen bleiben bestehen, selbst wenn die Eltern schon seit Jahren verstorben sind. Es wäre ja eigentlich zu erwarten, dass die Patienten mit dem Tod des Elternteils, unter dem sie gelitten haben, befreit und glücklich wären. Das ist aber nicht so, weil die Bilder und das Erleben des „Nichttaugens“ und „Nichtswertseins“ und Ähnliches so tief in ihnen verwurzelt sind, dass sie in ihren Auswirkungen und Einflüssen unverändert fortbestehen, losgelöst von den realen Eltern.

Sich von seinen Eltern abnabeln

Wenn wir aufwachsen und das junge Erwachsenenalter erreichen, stehen uns alle Möglichkeiten offen, uns von unseren Eltern abzunabeln und unabhängig zu werden. Dann sind die Bilder von unserem Vater oder unserer Mutter in unserem Herzen von größerer Bedeutung als die realen Eltern. Vermutlich ähnelt unser Vater als Person dem Vater, der als Bild in unserer Seele existiert. Dennoch ist das Bild unseres Vaters nicht unser Vater. Unsere subjektive Wahrnehmung wird die Realität nie hundertprozentig widerspiegeln. Denn wir sehen mit Augen und hören mit Ohren, die allein wir auf dieser Welt haben. Andere Menschen werden unsere Eltern anders wahrnehmen.

Die große Chance liegt darin, dass zwar Ihre Eltern bleiben werden, wie sie sind, aber Sie können das Bild Ihrer Eltern, das Sie in sich tragen, verändern. Wenn Sie dieses Bild analysieren, ist es durchaus möglich, dass Sie neue Blickwinkel entwickeln. Bei Eltern, die man als egoistisch und herzlos erlebt hat, entdeckt man vielleicht auch liebevolle Anteile. Eltern, von denen man ein durch und durch positives Bild in sich trägt, entpuppen sich bei näherem Hinschauen vielleicht als manipulierend, in mancher Hinsicht ausnutzend oder lieblos. Diese Zusammenhänge zu erkennen eröffnet die Möglichkeit, das Elternbild und in der Folge auch das Selbstbild zu verändern.

Erwachsen zu werden bedeutet, sich von seinen Eltern abzunabeln und eine eigene Identität mit eigenen Wertvorstellungen und Lebenszielen zu entwickeln. Dabei ist es hilfreich zu reflektieren, wie wir unsere Eltern erlebt haben und welche Spuren sie in uns hinterlassen haben. Es wird Einflüsse geben, für die wir zutiefst dankbar sind, und es wird Bereiche geben, unter denen wir gelitten haben oder in denen wir andere Wertvorstellungen entwickelt haben. Das gilt es zunächst einmal wahrzunehmen.

Wenn Sie sich über Ihre eigenen Ziele klar geworden sind, werden Sie bewusst einen Weg einschlagen, den Ihre Eltern möglicherweise nicht nachvollziehen können oder über den sie sich vielleicht sogar entsetzen. Erwachsen zu werden ist zwangsläufig damit verbunden, sich einen eigenen Lebensentwurf aufzubauen und sich eine eigene Richtung zu suchen. Diesen Weg können nur Sie ganz allein gehen. Wenn Sie sich aber einmal dazu entschlossen haben, kann Sie keine Macht der Welt davon abhalten.

Karl und Felix: Das Bild des Vaters

Karl und Felix haben denselben Vater. Er ist in ihrer Kindheit bisweilen recht streng. Wenn die Kinder sich nicht so verhalten, wie er das wünscht, wird er laut und unwirsch. Karl fürchtet diese Ausbrüche. Für ihn sind sie unerträglich. Um solche Situationen zu vermeiden, wählt Karl unbewusst die Strategie, sich anzupassen und keinen Anlass für einen Wutausbruch zu geben. Dafür zahlt er aber den Preis, dass er seine Interessen oft zurückstellt und im Zweifelsfall lieber nichts sagt.

Felix verfolgt eine andere Strategie. Wenn er Entscheidungen trifft, die seinen Vater auf die Palme bringen, lässt er sich von dessen Aufregung nicht beeindrucken. Er denkt sich: „Wenn Vater tobt, dann soll er halt toben." Er nimmt seinen Zorn in Kauf und kann damit deutlich gelassener umgehen als Karl. Felix ist überzeugt von seiner Ansicht, bleibt bei seiner Entscheidung und nimmt, wenn es notwendig wird, eine lautstarke Auseinandersetzung in Kauf.

Karl hingegen bleibt lieber still. Er lässt zu, dass die Angst vor der Wut seines Vaters sein Verhalten und schließlich sein Wesen prägt. Er wagt auch in Situationen fernab der Familie nicht, in Auseinandersetzungen zu gehen, weil er unbewusst Angst vor dem Zorn seines Vaters hegt. Diese Angst überträgt er auch auf andere Menschen, die zornig auf ihn sein könnten. Um auf ihn gerichtete Wut zu vermeiden, passt er sich lieber an und vernachlässigt seine Wünsche und Bedürfnisse.

An diesem Beispiel wird deutlich, dass derselbe Vater unterschiedliche Bilder in den Köpfen seiner Söhne erzeugt. Karls Sicht von seinem Vater versetzt ihn im Fall eines Wutausbruchs in Alarmbereitschaft, weil er Vernichtungsängste entwickelt, weshalb er sich um jeden Preis fügt. Felix hingegen empfindet den Zorn des Vaters lediglich als unangenehm. Er muss ihn halt von Zeit zu

Zeit ertragen, aber deswegen sieht er keinen Grund, von seinem Verhalten und seinen Zielen abzuweichen.

Kinder erleben ihre Eltern sehr unterschiedlich. Ein Bruder empfindet das Verhalten seines Vaters als unangenehm, der andere als traumatisierend. Deshalb stellen wir uns auch nicht die Schuldfrage. Aber wir nehmen unser Erleben ernst. Das ist der Maßstab, der für uns zählt. Wenn wir das Verhalten unserer Eltern als verletzend erlebt haben, dann gehen wir damit um, unabhängig davon, ob andere das genauso oder anders beurteilen würden.

Reale Personen sind, wie sie sind, es wird Ihnen kaum gelingen, einen anderen Menschen, geschweige denn Ihre Eltern, zu verändern. Sollten Sie dieses Ziel verfolgen, um ein angenehmeres Leben zu führen, werden Sie Schiffbruch erleiden. Die gute Nachricht ist aber, dass die Bilder in Ihrem Kopf Ihrer Einflussnahme unterliegen. Sie können sie manipulieren, verändern, vergrößern, verkleinern und so weiter. Das hört sich jetzt nach einem Psycho-Trick an, was es auch ist. Gleichzeitig ist es aber etwas, das wir alle ohnehin schon kennen.

Wenn wir uns daran erinnern, wie wir als Kind die Welt wahrgenommen haben und wie wir sie jetzt als Erwachsene sehen, werden wir feststellen, dass manche Straßen, Häuser oder auch Landschaften uns als Kind viel größer vorkamen als heute. Auch werden wir Menschen kennen, von denen wir als Kind tief beeindruckt waren, weil sie uns zum Beispiel einen Zaubertrick vorgeführt haben. Wir werden sie aus heutiger Sicht mit anderen Augen sehen, zumeist nicht mehr so imposant. Die Bilder in unserem Kopf haben sich verändert, weil wir in unserer Persönlichkeit gereift und erwachsen geworden sind. Diesen Vorgang einer veränderten Wahrnehmung können wir beschleunigen. Wir können hier und heute unsere inneren Bilder zu unseren Gunsten umgestalten.

Dabei geht es nicht darum, die Realität zu leugnen, sondern

es stellt sich die Frage, wie zum Beispiel Karl seinen Vater erleben würde, nähme er den Blickwinkel von Felix ein. Wenn uns schlimme Erfahrungen quälen, ist es sinnvoll, sich einen zweiten Blickwinkel aufzubauen, der dieselbe Situation anders, positiver darstellt. Dann haben wir die Möglichkeit, zukünftig zwischen Erinnerung und Fantasie zu wählen. Es ist nicht das Ziel, die Vergangenheit auszulöschen. Sondern es geht darum, die Wahlfreiheit zu haben, entweder an die bedrückenden Erinnerungen oder an ein entlastendes Fantasiebild zu denken. Damit können wir die quälenden Erinnerungen links liegen lassen und uns in einen sicheren Raum begeben, den wir uns selbst geschaffen haben. Vielleicht wird es uns mit der Zeit auch gelingen, Erfahrungen von früher neu zu bewerten.

Existiert in Ihrem Seelenleben das Bild eines Menschen, der Sie geprägt hat und mit dem Sie schreckliche Erinnerungen verbinden, dann können Sie die folgende Übung anwenden. Da die Erfahrungen von früher oft als sehr intensiv, nicht selten auch als existenziell bedrohlich erlebt wurden, fällt es oft schwer, inneren Abstand zu den damit verbundenen Bildern zu entwickeln.

Für die folgende Übung benötigen Sie etwas Vorstellungsvermögen und Fantasie. Da natürlich jeder Mensch andere Personen hat, von denen er geprägt worden ist, können Sie sich auf einen Menschen konzentrieren, den wir alle kennen und gleichermaßen mit Erschrecken betrachten: Adolf Hitler. Es geht also in der Übung darum, diesem Menschen seinen Schrecken zu nehmen und sich deutlich von ihm abzugrenzen. Es handelt sich um eine Probeübung. Wenn Sie sie durchgeführt haben, können Sie eine beliebige andere Person in diese Übung einsetzen, von deren Einfluss Sie sich befreien wollen.

Übung

Den Diktator zähmen

Nehmen Sie sich Zeit und suchen Sie sich einen Ort der Ruhe.
Lesen Sie Satz für Satz langsam durch und lassen Sie sich nach jedem Satz mindestens fünf Sekunden Zeit, in denen Sie sich auf die Umsetzung der Anweisung konzentrieren.

Zunächst achten Sie auf sich selbst:

Setzen Sie sich entspannt hin.

Atmen Sie ruhig und regelmäßig ein und aus.

Machen Sie es sich bequem.

Bringen Sie Ihren Körper in eine entspannte Position.

Konzentrieren Sie sich auf Ihre Füße, was fühlen Sie?

Konzentrieren Sie sich auf Ihre Beine, was fühlen Sie? Sorgen Sie für eine entspannte Haltung.

Lenken Sie Ihre Konzentration auf den Po, sitzt er bequem?

Lenken Sie die Aufmerksamkeit auf Ihren Bauch, hat er Platz zum Atmen?

Konzentrieren Sie sich auf Ihren Rücken und nehmen Sie eine entspannte, aufrechte Position ein.

Konzentrieren Sie sich auf Ihre Brust, atmen Sie ruhig ein und aus. Nehmen Sie mit Ihrem Oberkörper eine Position ein, die Stolz ausdrückt.

Konzentrieren Sie sich auf Ihren Hals, ist er in einer angenehmen Haltung?

Konzentrieren Sie sich auf Ihre Arme, befinden sie sich in einer bequemen Lage?

Konzentrieren Sie sich auf Ihren Kopf und machen Sie ihn frei.

Stellen Sie sich nun ein Bild von Adolf Hitler vor, verweilen Sie aber nur kurz bei diesem Bild:

Verändern Sie in Ihrem Bild seine Frisur, färben Sie seine Haare pink und lassen Sie sie hochstehen, wie bei einem Punk.

Lassen Sie seinen Schnäuzer wachsen und geben Sie ihm Regenbogenfarben.

Lassen Sie seinen Bauch wachsen, bis er die Form des Bauchs eines dickbäuchigen Teddybärs hat.

Lassen Sie ihn nun den Hampelmann-Tanz tanzen, hüpfend spreizt er seine Beine auseinander und zieht sie wieder zusammen, im Rhythmus schlägt er seine Hände über dem Kopf zusammen und klatscht sich auf die Hüften.

Haben Sie vor solch einer Ulkfigur Angst?

Lassen Sie diesen Hampelmann vor dem inneren Auge immer kleiner werden, bis er stecknadelkopfgroß ist und dann ganz verschwindet.

Konzentrieren Sie sich wieder auf den Raum, in dem Sie sitzen. Kommen Sie zurück in die Realität.

Es geht nicht darum, die Vergangenheit oder Ihre Geschichte zu verändern. Wir können und wollen die Vergangenheit nicht ungeschehen machen. Sondern es geht darum, ein alternatives inneres Bild aufzubauen, das seinen Schrecken verliert.

Es ist nun Ihre Entscheidung, welches innere Bild Sie wählen wollen. Ob Sie sich dem strengen Blick Adolf Hitlers aussetzen wollen oder lieber an einen Hampelmann mit ulkiger Frisur denken. Wenn Sie mit einer quälenden Vergangenheit abschließen wollen, ist es notwendig, dass Sie die Furcht vor den Tätern verlieren und sich auf Ihre eigenen Beine stellen. Wenn Ihre inneren Bilder von Tätern Sie einholen, nehmen Sie ihnen ihre Macht, indem Sie sie zu Hampelmännern machen. Sie entscheiden, woran Sie denken. Ihre Gedanken können Sie unmittelbar lenken. Unangenehme Gefühle wie Angst und Ohnmacht verschwinden nicht sofort. Sie werden aber erleben, dass bedrohliche Gefühle bei regelmäßiger Übung dieses Gedankenspiels immer weiter in den Hintergrund treten.

Die Auswirkungen des Zweiten Weltkriegs reichen bis in die Gegenwart

Negative Kindheitsprägungen sind keinesfalls immer auf Boshaftigkeit zurückzuführen. Gar nicht selten eröffnet sich uns die Erkenntnis, dass auch unsere Eltern es gut mit uns meinten, obwohl wir möglicherweise unter ihnen gelitten haben, trotz aller guten Absichten. Je besser wir verstehen, wie es dazu gekommen ist, desto eher können wir Frieden schließen.

Stefan: Die fehlende Anerkennung des Vaters

Stefans Vater wird 1930 in Berlin geboren. Mit zehn Jahren wird er in die Hitlerjugend aufgenommen. Als er allmählich in die Pubertät kommt, tobt der Zweite Weltkrieg. Der Krieg legt Deutschland nach und nach in Schutt und Asche. Er sieht, wie Menschen bei Bombenangriffen zerfetzt werden und wie sich der stolze Familienbesitz von einem Moment auf den anderen in einen Schutthaufen verwandelt. Er erlebt den Hunger, die Ohnmacht, das Angewiesensein auf Hilfslieferungen. Er kennt den Zweifel, ob er den morgigen Tag erleben wird.

Nach dem Krieg geht es nur um die Frage des Überlebens, und alle Kräfte werden gebündelt. Jeder muss mit anfassen. Von frühmorgens bis spätabends. Sieben Tage die Woche. Irgendwie überleben! Da kann sich keiner erlauben, schwach zu sein oder etwa über Gefühle zu reden. Ständig bewegt er sich an den Grenzen seiner Belastbarkeit, oft geht er darüber hinaus.

Der Wiederaufbau funktioniert. Allmählich kehrt wieder Wohlstand ein. Das Leben wird ruhiger und entspannter. Stefans Vater gründet eine Familie und baut ein Häuschen. Innerhalb kurzer Zeit verändert sich ein verwüstetes Land in ein Wohlstandsland. Den Horror des Kriegs kann Stefans Vater aber nie recht vergessen.

Als Stefan klein ist, gönnt sein Vater ihm alle möglichen Spielsachen, die er selbst als Kind nie gehabt hat. Der Sohn bekommt sein eigenes Kinderzimmer, es ist im Haus warm und trocken, und es gibt immer mehr als genug zu essen. Wenn Stefan am Essen nörgelt, steigt in seinem Vater die Wut hoch. „Wie kannst du nur so undankbar sein?" Ein Mensch, der lebensbedrohlichen Hunger erlebt hat, hat kein Verständnis dafür, wenn sein Sohn über das Essen meckert.

Wenn er ihm beibringen will, wie er in der kleinen Holzwerkstatt in der Garage ein Regal zusammenbaut, steht Stefan nur wortlos daneben. Sein Vater versteht das nicht. Er hatte keinen Vater, der die Zeit hatte, ihm in Ruhe etwas zu zeigen. Stefans Opa ist im Krieg gewesen, Stefans Vater hat sich alles selber beibringen müssen. Und nun nimmt er sich die Zeit, seinem Sohn den Umgang mit Holzwerkzeug nahezubringen. Und Stefan steht nur unbeteiligt daneben. Wenn Stefan dann mal selber etwas bastelt, stellt er sich ungeschickt an. „Er hat halt einfach zwei linke Hände!", denkt sich sein Vater.

Er versteht seinen Sohn nicht. Die Beziehung erscheint ihm so merkwürdig distanziert. Er gibt sich so viel Mühe, aber es scheint, als könne er seinen Sohn nicht erreichen. Er selbst hat seinen Vater kaum zu Gesicht bekommen. Er kennt keine unbeschwerte Kindheit. In seiner Jugend hat er nur Katastrophen erlebt. Woher soll er wissen, wie man einen Sohn großzieht?

Stefan empfindet die Beziehung zu seinem Vater während Kindheit und Jugend als sehr angespannt. Sein Vater rastet wegen einer Kleinigkeit aus, zu einem anderen Zeitpunkt spricht er in einer ähnlichen Situation kein Wort. Immer ist eine gewisse Distanz zwischen ihnen. Sein Vater hat ständig etwas an ihm auszusetzen. Macht er seine Sache gut, schweigt sein Vater. Lob bekommt er nicht zu hören.

Wenn er heute auf diese Situationen zurückblickt, sieht er, dass die

Anwesenheit seines Vaters ihn sehr verunsicherte. Er wusste nie, wann der nächste Ausraster kommen würde, er wusste nicht, wie er es seinem Vater recht machen konnte. Unbewusst entwickelte er in seiner Kindheit die Strategie, nur wenig von sich preiszugeben. Lieber keine Gefühle und keine Verletzlichkeit zeigen. Stefan empfindet sich als Kopfmensch. Die Dinge klar und rational zu betrachten ist seine Stärke. Und diese Strategie schützt ihn vor der Aggression seines Vaters. Wenn er sich nur immer schön bedeckt hält, kann sein Vater ihn nicht verletzen.

Das funktioniert auch recht gut. Allerdings zahlt Stefan einen Preis für seine Strategie. Tief in seinem Innersten liegt der starke Wunsch verborgen, von seinem Vater anerkannt, geliebt und gelobt zu werden. Weil er aber gleichzeitig die emotionale Nähe zu seinem Vater fürchtet, da er (unbewusst) immer darauf bedacht sein muss, zum Selbstschutz genügend Abstand zu halten, bleiben seine Sehnsüchte unerfüllt. Denn um Liebe spüren zu können, ist Nähe erforderlich. Er versteht diese Situation nicht, aber er nimmt sie als gegeben hin. Er hat ja nur diesen einen Vater.

Das Gefühl, von seinem Vater nicht anerkannt und geliebt zu werden, ist für Stefan unglaublich schmerzhaft. Innerlich zerreißt es ihn geradezu. Ohne dass es ihm im Geringsten bewusst ist, entscheidet er sich als Kind, schlecht von sich zu denken, um sich die fehlende Anerkennung seines Vaters zu erklären. „Mein Vater lobt mich nicht, weil ich mich beim Werken ungeschickt anstelle, weil ich zwei linke Hände habe, weil ich dumm und einfach nichts wert bin." Jetzt hat er endlich eine Erklärung, warum er die so sehnsüchtig erwartete Liebe seines Vaters nicht bekommt. Das entlastet. Solche Gedanken sind leichter auszuhalten als die permanente Anspannung, die er zuvor empfand.

In seiner Schulklasse steht Stefan am Rande. Er ist ein Kopfmensch, nicht besonders lustig, nicht gerade spontan, aber irgendwie akzeptiert. Als Mädchen interessant werden, weiß er nicht, wie er sich verhalten soll. Wie soll er, der nichts wert ist, an eine der supertollen Frauen kommen? Keine Chance!

Er merkt rasch, dass er mit Alkohol lockerer und lustiger wird. Das Reden fällt ihm leichter, auch Frauen anzusprechen ist dann kein Problem mehr. Allmählich wird der Alkohol ein zuverlässiger und treuer Begleiter. Er scheint ihm sein Selbstbewusstsein zurückzugeben. Über viele Jahre geht es ihm gut, bis er auf einmal seinen Führerschein verliert – wegen Trunkenheit am Steuer. Dies muss allerdings drei Jahre später ein zweites Mal passieren, bis Stefan sich eingestehen kann, fremde Hilfe zu benötigen.

In unseren Gesprächen gelingt es ihm, die Zusammenhänge zwischen den Schwierigkeiten in seiner Kindheit und denen als Erwachsener herauszuarbeiten. Es wird ihm bewusst, dass Alkohol über lange Zeit sein mangelndes Selbstwertgefühl und Selbstvertrauen kompensiert hat. Wenn er jetzt abstinent leben will, wie soll er sich Selbstvertrauen aufbauen? Stefan ist sich bewusst, dass sein Vater ihm das jetzt nicht mehr geben kann. Der ist schon sehr alt und in seinem Verhalten ihm gegenüber unverändert. Es ist nicht zu erwarten, dass er sich in seinen letzten Lebensjahren noch grundlegend ändern wird.

Selbst wenn – wie durch ein Wunder – sein Vater sich doch verändern, herzlicher und zugänglicher werden würde, könnte er Stefan von seinen Selbstzweifeln nicht mehr erlösen. Dafür ist Stefan zu alt. Die Wunden liegen zu tief. Die Zeit würde sich nicht zurückdrehen lassen. Allenfalls wäre es noch möglich, zumindest einmal ein klärendes Gespräch mit seinem Vater zu führen, aber so weit ist Stefan noch nicht.

In unseren Gesprächen erkläre ich Stefan, dass es bei seinem Thema nicht mehr um seinen leiblichen Vater geht. Vielmehr geht es um das Bild seines Vaters, das er in sich trägt. Die Erfahrungen, die ihn geprägt haben, sind etwa 30 Jahre her. Die Angst, von seinem Vater verletzt zu werden, die unerfüllten Wünsche nach Anerkennung und Liebe bestehen unverändert. Ich erkläre ihm, dass sein Vater sich nicht mehr um ihn kümmern könne. Er müsse es nun selber tun. Diese Ausführungen führen bei Stefan zu Skepsis und Ratlosigkeit. Wie soll er das tun? Sich selbst auf die Schulter klopfen? Tatsächlich, in gewisser Weise ist es genau das, was Stefan braucht.

Wie Fürsorge und Geborgenheit heute erlebbar werden

Stefan hat in Kindheit und Jugend viel vermissen müssen, was sich bis heute auf sein Leben auswirkt. Im Folgenden berichte ich von Übungen, mit deren Hilfe Stefan seine Vergangenheit bewältigen konnte. Zur Veranschaulichung sind sie verdichtet dargestellt. Anschließend werden wir diese Techniken im Detail betrachten, und wenn Sie wollen, können Sie sie einüben.

Stefans Fantasiereise

Ich biete Stefan an, unter meiner Anleitung auf eine Fantasiereise zu gehen, um einen inneren Heilungsprozess anzustoßen. Er willigt ein.

Ich bitte ihn, sich eine typische Situation mit seinem Vater vorzustellen. Er soll beschreiben, was er in dieser Szene sieht, denkt und fühlt. Stefan wählt eine Szene aus und beschreibt sie: Er steht mit seinem Vater vor der Werkbank. Dieser fordert ihn auf, eine Holzplatte an einer markierten Stelle durchzusägen. Als Stefan sägt, wird die Schnittstelle schräg. Der Vater reißt ihm die Säge aus der Hand und sagt in forschem Ton, dass Stefan sich mehr Mühe geben soll, und fügt vorwurfsvoll hinzu, dass man alles selber machen müsse. Stefan merkt, wie schlecht er sich in dieser Situation fühlt. Wie kann er nur so dumm sein und sich so ungeschickt anstellen? Hilflos setzt er sich neben die Werkbank und schaut seinem Vater zu, wie der jetzt das Brett sägt. Stefan kommt sich völlig überflüssig vor, würde am liebsten im Boden versinken.

Ich fordere ihn auf, diese Szene nun nach seinen Wünschen zu verändern. Er ist der Regisseur und betrachtet das Schauspiel von außen. Die Fantasie kennt keine Grenzen, er kann in dieser Szene alles passieren lassen, wie er es möchte. In der Fantasie kann er sich auch gleichzeitig in zwei Personen aufteilen, in das Kind und den Erwachsenen. Er hat nun die Möglichkeit, die Szene so ablaufen zu lassen, wie er es will. Als Regisseur kann er seinen eigenen „Film" drehen, so, wie es ihm guttut.

Ich schlage dem Regisseur Stefan vor, sich als den Erwachsenen, der er heute ist, in die Szene zu schicken, um eingreifen zu können. Stefan lässt sich darauf ein. Er beschreibt: Der erwachsene Stefan betritt den Raum und bittet seinen Vater höflich, aber bestimmt, zur Seite zu treten und den Raum zu verlassen. In der Fantasie zieht der Vater ein beleidigtes, zorniges Gesicht. Stefan kann das kaum aushalten. Ich appelliere an seine Rolle als Regisseur. Er bestimmt, was im Drehbuch steht. Stefan schickt seinen Vater erfolgreich vor die Tür.

Der erwachsene Stefan soll sich nun dem Kind Stefan zuwenden. Ich empfehle ihm, das Kind Stefan als seinen Sohn anzunehmen, sodass er selbst zu seinem eigenen Vater wird. Ich schlage vor, dass er in der Rolle als Vater seinem Sohn in die Augen blickt und etwas sagt, das ausdrückt, dass er seinen Sohn versteht. Ich ermuntere ihn, ihn anzunehmen, ihm Mut zuzusprechen und zu versprechen, dass er sich immer um ihn kümmern und auf ihn aufpassen werde.

Es könnte folgendermaßen klingen: „Ich verstehe, dass du dich so hilflos, so verlassen und minderwertig fühlst. Aber hör zu! Ich passe ab sofort auf dich auf! Es ist überhaupt nicht schlimm, dass du handwerklich nicht geschickt bist. Du musst weder ein perfekter Handwerker noch der Klügste sein! Was du an Verstand in deinem Kopf hast, reicht, um im Leben zurechtzukommen! Du wirst deinen Weg finden! Ich bleibe immer bei dir! Ich passe jetzt auf dich auf, ich werde es nicht mehr zulassen, dass dir irgendjemand wehtut oder dich kleinmacht! Du bist völlig in Ordnung, so wie du bist!“

Ich bitte Stefan, als Vater seinen Sohn – sein inneres Kind – in den Arm zu nehmen, ihm Halt und Geborgenheit zu geben. Der Wärme, die der kleine Junge auf seinem Schoß ausstrahlt, nachzuspüren. Stefan verweilt eine Weile in dieser Situation.

Dann fordere ich ihn auf, in seiner Fantasiereise in die Rolle des kleinen Stefans zu schlüpfen. Dies ist die größte Herausforderung. Ich schlage vor, dass er sich die Worte des großen Stefans anhört. Welche innere Reaktion löst das bei ihm aus? Wie geht es ihm damit, jetzt einen liebenden und anerkennenden Vater zu haben? Wie fühlt es sich an, in den Arm genommen zu werden, Halt zu spüren, in warmen und kräftigen Armen zu liegen und Zärtlichkeit zu empfangen? Gelingt es ihm, die innere Anspannung abfallen zu lassen und die Geborgenheit zu genießen?

Stefan bricht in Tränen aus, er hat den Eindruck, von positiven Gefühlen überflutet zu werden, die er kaum jemals so intensiv gespürt hat. Ich gebe ihm Zeit, warte ab, unterstütze ihn mit beruhigenden und Mut machenden Worten. Ich halte gemeinsam mit ihm seinen inneren Kampf aus, ohne zu sprechen.

Einige Minuten später ist er bereit, weiterzuarbeiten. Es folgt der nächste Schritt. Ich frage ihn danach, ob er die Zuwendung durch sich selbst als Vater in seinem Körper spüren konnte, zum Beispiel durch Kribbeln, Wärme oder ein Gefühl der Stärke. Stefan beschreibt ein positives Körpergefühl. Er erlebt es als Wärme in seiner Brust. Ich fordere ihn auf, dieses Gefühl zu genießen, darin zu verweilen, es als jetzt zu ihm zugehörig zu begreifen. Dieses Gefühl drückt die Liebe aus, die Stefan sich selbst schenkt.

Um Stefan noch ein weiteres Werkzeug an die Hand zu geben, spreche ich mit ihm über Glaubenssätze. Damit sind innere Selbstüberzeugungen gemeint, die unser Selbstbild und damit unser Erleben entscheidend prägen. Seit über 30 Jahren ist Stefan mit der Überzeugung durch die Welt gelaufen, dass er nichts wert ist. Dem Satz „Ich bin nichts wert" soll nun ein neuer Glaubenssatz gegenübergestellt werden. Denn unsere Glaubenssätze prägen unser Selbstbild. Wenn wir denken, nichts wert zu sein, sind wir tatsächlich in unserer Überzeugung nichts wert. Wenn wir glauben, ein liebenswürdiger Mensch zu sein, dann leben wir Liebenswürdigkeit. Solche Überzeugungen entstehen in unserer Kindheit und Jugend unbewusst. Wir haben als Erwachsene die Möglichkeit, uns für andere Überzeugungen zu entscheiden.

Also fordere ich Stefan auf, einen neuen Glaubenssatz für seine Zukunft zu formulieren, der anfängt mit „Ich will …". Dieser Satz soll formulieren, dass Stefan sich lieben und sich um sich selbst kümmern will. Er soll positiv formuliert sein, das heißt, Wörter wie „nicht" oder „kein" sollen nicht enthalten sein. Nach einigem Überlegen formuliert Stefan den Satz: „Ich will mich annehmen, wie ich bin."

Als abschließenden Schritt fordere ich ihn auf, sich eine Körperbewegung auszudenken, mit der er das warme Gefühl und seinen neuen Glaubenssatz verbinden will. Zum Beispiel kann er eine Hand auf die Brust legen, zwei Finger überkreuzen oder Ähnliches. Stefan entscheidet sich, eine Faust zu ballen. Ich fordere ihn auf, seine Faust kräftig zu schließen, sich selbst seinen neuen Glaubenssatz vorzusprechen und der Wärme in seiner Brust nachzuspüren. Er folgt meinen Anweisungen. Er kann das wohlige, warme Gefühl genießen. Er merkt, dass sich neue Möglichkeiten, vielleicht sogar neue Welten durch seine neue Sicht auf sich selbst auftun. Das Ende der Therapiestunde ist erreicht. Stefan ist erschöpft, innerlich aufgewühlt und doch sehr glücklich.

Veränderungen gelingen am besten, wenn wir sie uns nicht nur auf rationaler Ebene vorstellen, sondern sie auch emotional erleben können. Die reine Erkenntnis, dass Stefan sich selbst achten und lieben will, hilft ihm nicht weiter, weil sein altes Selbstbild tief in ihm verwurzelt ist. Nun kann er es mit der Fantasiereise *erleben*, wie es sich anfühlt, einen liebevollen und fürsorglichen Vater zu haben. Stefan hat nun ein intensives Gefühl von Geborgenheit kennengelernt.

Um das Zusammenspiel von Gefühl und Verstand zu fördern, hat er für sich einen neuen Glaubenssatz entwickelt, den er nun über den Faustschluss mit dem Gefühl der Selbstliebe und Geborgenheit verbinden kann. Gefühl und Verstand können nun gemeinsam an der Entwicklung von Selbstwerterleben und Selbstliebe arbeiten.

Ich habe Stefan aufgefordert, mehrmals täglich die Faust zu ballen, sich dann seinen neuen Glaubenssatz vorzusprechen und der Wärme in seiner Brust nachzuspüren. Das ist Übungssache. Stefan kann in jeder Situation des Alltags üben: wenn er eine kurze Verschnaufpause einlegt, wenn es ihm gut geht, wenn er gerade einen Durchhänger hat oder bevor er in das Büro seines Chefs geht, weil er eine schwierige Frage ansprechen möchte. Immer wieder kann er üben, sich selbst anzunehmen und sich Geborgenheit zu verschaffen. So kann er allmählich ein neues Selbstwertgefühl trainieren.

Das Zusammenspiel aus Verstand und Gefühl macht Veränderungen möglich

Ein Mangel an Selbstwertgefühl verschwindet selbstverständlich nicht über Nacht. Auch Stefan wird sein Leben nicht von heute auf morgen umkrempeln können. Mein Ziel war es vielmehr, ihm ein Instrument an die Hand zu geben, mit dem er Selbstannahme und Selbstliebe üben kann. Veränderungen laufen über ein Zusammenspiel von Verstand und Gefühl ab. Dadurch, dass Stefan in seiner Fantasiereise erlebt hat, wie es sich anfühlt, geliebt und geachtet zu werden, wird es ihm möglich sein, an dieses Erlebnis anzuschließen. Allein eine rationale Entscheidung zur Selbstannahme hätte ihm vermutlich weniger geholfen.

Mit dem Faustschluss läutet Stefan eine Konzentrationsphase ein, in der er sich auf ein warmes Gefühl in der Brust fokussiert, das für Selbstannahme und Selbstwert steht. Dieses Gefühl lässt seinem neuen Glaubenssatz – „Ich will mich annehmen, wie ich bin!“ – eine tiefe Bedeutung zukommen. Das Gefühl in der Brust unterstützt also die Entscheidung für eine positive Selbstüberzeugung. Die Energie fließt aber nicht nur vom Gefühl zum Verstand, sondern auch umgekehrt. Wenn Stefan sich seinen neuen Glaubenssatz vorspricht, kann er das positive, warme Gefühl in seiner Brust einfacher und klarer wahrnehmen. Gefühl und Verstand stärken sich also gegenseitig. Da er mehrmals täglich übt, spürt er innerhalb von Wochen, wie sein Selbstwertgefühl wächst.

Durch die Fantasiereise hat Stefan die Möglichkeit, sich eine zweite, schönere Vergangenheit aufzubauen. Denn unsere Vergangenheit existiert ausschließlich in unserer Erinnerung. Es geht nicht darum, die Realität zu leugnen. Wir haben aber die Möglichkeit, eine „Innenwelt“ zu schaffen, die für uns gut und nach unseren Idealen gestaltet ist. Unser ursprüngliches Bild von unserer Vergangenheit und unser bisheriges inneres Kind werden nicht verloren gehen. Wir wissen, was wir erlebt und empfunden haben. Mit der Fantasiereise schaffen wir uns aber ein zweites Selbstbild und ein glückliches inneres Kind. Dadurch besitzen wir in Zukunft die Wahlmöglichkeit, uns für eine glücklichere Vergangenheit zu entscheiden, wenn uns eine alte Last wieder einholen will.

Mit Glaubenssätzen sein Selbstbild positiv prägen

Sehen wir uns die Techniken, von denen Stefan profitiert hat, näher an, zunächst die Technik zum Umgang mit negativen beziehungsweise zum Aufbau von positiven Glaubenssätzen. Anschließend werden wir uns damit auseinandersetzen, wie wir eine Fantasiereise zu einem idealen Vater oder zu einer idealen Mutter gestalten können, um abschließend zu betrachten, wie wir Verletzungen des inneren Kindes heilen können.

Mit einem Glaubenssatz ist ein Satz gemeint, den man auch als Lebensmotto, als Leitsatz oder als ein festes Gedankenmuster einer Selbstüberzeugung bezeichnen könnte. In einem Glaubenssatz verdichtet sich eine Überzeugung, die sich durch das ganze Leben zieht. Ein Beispiel: „Ich bin unattraktiv.“ Wenn ein Mensch diese Selbstüberzeugung in sich trägt, dann handelt es sich wahrscheinlich um das Ergebnis von vielfältigen Erfahrungen, die in diesem einen Satz zusammengefasst werden. Es können mangelnde positive Aufmerksamkeit der Eltern, bissige Bemerkungen von Klassenkameraden, eine enttäuschte große Liebe und anderes dazu beigetragen haben. Ein solcher Satz durchdringt uns und hat eine lange Geschichte. Er ist mit unangenehmen Gefühlen gekoppelt wie Angst, Schwermut, Ekel und so weiter.

Mit solchen Glaubenssätzen, die wir in der Vergangenheit aus Botschaften von anderen Menschen abgeleitet und für uns als Teil unseres Selbstbilds übernommen haben, quälen wir uns. Mit Sätzen wie „Du kannst nichts, du bist ungeschickt, du bist dumm, du bist schüchtern …" halten wir uns selbst klein und bestätigen gebetsmühlenartig unsere Unvollkommenheit. Es entstehen Gedankenkreise, mit denen wir uns herunterziehen.

Praxistipp

Gedankenstopp

Um aus einem Kreislauf negativer Gedanken auszubrechen, ist eine Technik sehr hilfreich, die sich Gedankenstopp nennt. Sie funktioniert ganz einfach. Wenn Sie in einer Gedankenschleife hängen, die Sie unterbrechen wollen, rufen Sie mit Ihrer inneren Stimme richtig laut: „Stopp!!!" Damit lässt sich der Kreislauf durchbrechen. Probieren Sie es aus, wenn Sie sich dabei ertappen, dass Sie in Gedanken über alles Mögliche nörgeln. Sie werden erstaunt sein, wie gut das funktioniert!

Es reicht aber nicht aus zu wissen, was wir nicht denken wollen. Entscheidend ist in dieser Situation, was wir denken wollen. Wir können nicht nicht denken. Wenn wir die negativen Gedanken mit dem Stopp angehalten haben, lenken wir unsere Aufmerksamkeit auf positive Glaubenssätze.

Wichtig ist, dass Sie ein klares Ziel vor Augen haben, mit dem Sie die grundsätzliche Entscheidung treffen, besser für sich zu sorgen. Positive Glaubenssätze oder Selbstüberzeugungen sind in diesem Zusammenhang von unschätzbarem Wert. Genauso, wie

Sie in der Vergangenheit negative Aussagen angenommen haben, können Sie sich dafür entscheiden, Gutes von sich zu denken. Manchen Menschen fällt es schwer, einen positiven Glaubenssatz für sich anzunehmen.

Nehmen wir das Beispiel: „Ich bin ein liebenswerter Mensch." Wenn Sie sich entscheiden, diese Selbstüberzeugung anzunehmen, ist das ein wunderbarer Schritt. Viele Menschen haben damit jedoch Schwierigkeiten. Es meldet sich sofort ein „Ja, aber ...!". Manchen gelingt es, sich über die dann folgenden Einwände hinwegzusetzen. Wenn das aber nicht möglich ist, lässt sich ein Zwischenschritt einbauen. Dann könnte der Glaubenssatz lauten: „Ich will lernen, mich zu lieben, wie ich bin." Mit diesem Satz setzen Sie sich nicht unter Druck, sofort etwas verändern zu müssen. Gleichzeitig haben Sie Ihr Ziel klar formuliert. Sie wollen dahin kommen, sich vorbehaltlos lieben zu können!

Es gibt viele wunderbare Glaubenssätze, zum Beispiel: „Ich will mich annehmen, wie ich bin." – „Ich bin ein herzlicher und guter Mensch." – „Ich bin liebenswert." Oder vielleicht auch schon etwas konkreter: Anstatt zu denken „Ich bin streitsüchtig", können wir als Ziel formulieren: „Ich will Konflikte ruhig und freundlich ansprechen."

Positive Formulierungen sind nützlicher als verneinende Formulierungen wie zum Beispiel „Ich will mich nicht mehr streiten". Wenn wir „streiten" denken, ist die Gefahr groß, dass wir tatsächlich streiten, einfach, weil wir an Streit denken. Das ist so ähnlich wie mit dem rosa Elefanten. Wenn ich Ihnen verbiete, an einen rosa Elefanten zu denken, was tun Sie? – Sie denken an einen rosa Elefanten. Deswegen ist es wichtig, dass wir formulieren, was wir *wollen*. Denn das werden wir vor unserem inneren Auge sehen, und unser Handeln wird sich auf dieses Ziel allmählich einstellen.

Glaubenssätze sind ein Werkzeug, mit dessen Hilfe wir üben können, uns Stück für Stück mehr anzunehmen. Haben wir uns bislang entschieden, selbstkritische Selbstüberzeugungen für uns anzunehmen, können wir uns heute entscheiden, einen positiven Glaubenssatz zu übernehmen. Dieser Prozess läuft selbstverständlich nicht ohne Rückfälle in alte Verhaltens- und Denkmuster ab. Aber lassen Sie sich von Rückschlägen nicht entmutigen. Sie gehören dazu! Sie können täglich oder stündlich immer wieder Ihre Entscheidung bekräftigen, sich selbst anzunehmen. Auch wenn Sie zeitweilig das Gefühl haben, auf der Stelle zu treten, können Sie immer das Ziel im Auge behalten, irgendwann die innere Haltung zu erlangen, dass Sie sich selbst mit Liebe und Wertschätzung begegnen. Veränderungen brauchen Zeit. Und Sie brauchen Geduld mit sich. Also gehen Sie behutsam mit sich um, Sie sind es wert!

Die neuen Glaubenssätze, denen eine neue Beziehung zu uns selbst folgt, wollen trainiert werden. Wir können leider keinen Schalter umlegen – klick –, und dann ist alles neu. Aber wir haben die Möglichkeit zu steuern, wohin unser Schiff fährt.

Übung

Neue Glaubenssätze entwickeln

Nehmen Sie sich Zeit und suchen Sie sich einen Ort der Ruhe.

1. Zunächst reflektieren Sie, welche negativen Glaubenssätze, Selbstüberzeugungen und Lebensmottos Sie in sich tragen. Wie lauten sie? Da es sich um ganz zentrale Punkte handelt, sollten es nicht mehr als drei sein. Nehmen Sie Ihr Tagebuch, schreiben Sie alles auf, was Ihnen durch den Kopf geht, und identifizieren Sie die drei mächtigsten.
2. Sortieren Sie diese Glaubenssätze in die Kategorien „Lüge" und „ein wenig zutreffend". „Lüge" steht für die Überzeugungen, von denen Sie bei näherem Hinschauen wissen, dass sie gelogen sind. Die Kategorie „vollkommen zutreffend" existiert nicht. Ausschließlich nega-

tive Glaubenssätze können nicht wahr sein, weil in jedem Fall auch etwas Positives in Ihnen steckt!

3. Nehmen Sie sich die Inhalte der Kategorie „Lüge" vor. Beschließen Sie, ähnlich wie beim Gedankenstopp, jedes Mal, wenn diese Gedanken auftauchen, in Ihrem Inneren laut „Lüge!" zu rufen. Lügen müssen als solche klar benannt werden. Reißen Sie sie in Ihren Gedanken in Fetzen und werfen Sie sie in einen Mülleimer.
4. Schauen Sie nun die Sätze in der Kategorie „ein wenig zutreffend" an. Wenn Sie denken, dass an diesen kritischen Überzeugungen tatsächlich ein Stückchen Wahrheit hängt, dann interpretieren Sie das als einen Hinweis auf Verbesserungsmöglichkeiten. Aber denken Sie daran, es kann nicht der Wahrheit entsprechen, dass Sie ausschließlich negative Eigenschaften haben. Es gibt positive Anteile in Ihnen. Wenn zum Beispiel ein Glaubenssatz lautet „Ich bin unordentlich" und Sie denken, dass Sie tatsächlich nicht besonders ordentlich sind, haben Sie die Möglichkeit, den Satz positiv zu formulieren: „Ich liebe es, frei und spontan zu leben." Schließlich definieren Sie selbst, was für Sie von Bedeutung ist.
   Sehen Sie Anteile in sich, die veränderungsbedürftig sind, stellen Sie sich Ihnen und erkennen Sie sie an.
   Moralische Verurteilungen sind gelogen. Sollten bei Ihnen Sätze wie zum Beispiel „ich bin gemein" in der Kategorie „ein wenig zutreffend" gelandet sein, sollten Sie sie vermutlich in die Kategorie „Lüge" umsortieren. Sie können sich schließlich jederzeit entscheiden, freundlich und fair zu sein. Es ist nicht Ihr *Wesen*, gemein zu sein, auch wenn Sie sich in der Vergangenheit möglicherweise so verhalten haben. Alle Menschen *verhalten* sich mal gemein, aber deswegen *sind* sie es noch nicht. Und die Frage, welcher moralische Maßstab an Ihre Person angelegt wird, entscheiden allein Sie. Das steht keinem anderen Menschen zu.
   Wahrscheinlich werden aber trotz dieser Überlegungen unangenehme Anteile von Ihnen in Glaubenssätzen ausgedrückt übrig bleiben. Wählen Sie nun eine neue, neutrale, also nicht wertende Formulie-

rung für diese Anteile. Der Satz „Ich bin hässlich" könnte zum Beispiel durch den Satz „Mein Äußeres ist markant" ersetzt werden. Oder „Ich bin faul" durch „Ich bin in manchen Situationen gehemmt". Es existiert kein guter Grund, warum Sie entwertende Überzeugungen nicht durch neutrale ersetzen sollten. Von hier aus richten Sie Ihren Blick auf positive Selbstüberzeugungen.

5. Nachdem Sie aufgeräumt haben, kommt jetzt der wunderbare Teil der Übung. Für die Entwicklung neuer, positiver Glaubenssätze berücksichtigen Sie folgende Regeln:

- Keine negativen Aussagen. In den neuen Glaubenssätzen haben die Wörter „kein" oder „nicht" nichts zu suchen. (Zum Beispiel ist verboten: „Ich will nicht mehr so lahm sein.")
- Ebenfalls verboten sind „Ich soll ..." oder „Ich muss ...". Auch „Ich werde ..." ist nicht erlaubt. Denn damit setzen Sie sich unter Druck, etwas zu tun. Es geht bei dieser Übung aber um Ihr Selbstbild, nicht darum, etwas zu versprechen oder Ziele zu stecken.
- Die Aussagen werden ausschließlich positiv formuliert. Der Glaubenssatz fängt an mit: „Ich kann ...", „Ich will ...", „Ich bin ...". Zum Beispiel könnte ein neuer Glaubenssatz lauten: „Ich kann ordentlich sein." Oder: „Ich bin ausreichend ordentlich." Oder: „Ich will ordentlich sein." Der letzte Satz heißt nicht „Ich werde ordentlich sein", sondern „Ich will ...". Denn mit dem „wollen" kündigen Sie in diesem Zusammenhang keine Handlung an, sondern drücken eine innere Haltung aus. Es ist Ihr Sinnen und Trachten, ordentlich zu sein, auch wenn sich das gegenwärtig nicht in Ihren Handlungen ausdrückt. Sie beschreiben damit den Wunsch, das Bedürfnis nach Ordnung. Die Umsetzung kann heute oder in einem Jahr erfolgen. Ein entscheidender Unterschied zu einer konkreten Absichtserklärung! Denn mit dieser setzten Sie sich unter Druck. Der ist an dieser Stelle nur hinderlich. An anderer Stelle, wenn es darum geht, konkrete Ziele für die per-

sönliche Entwicklung zu stecken, ist ein Satz mit „Ich werde ..." willkommen, nicht aber bei der Formulierung eines Glaubenssatzes. Wenn Sie eine positive Aussage zu Ihrem Wesen treffen, leiten sich dadurch keinerlei Verpflichtungen ab! Es entsteht nur eine neue Freiheit! – „Ich bin liebenswert!" ist eine wunderbare Selbstüberzeugung. Wenn Ihnen dieser Satz noch zu schwierig erscheint, versuchen Sie es mit: „Ich will mich lieben, wie ich bin!" Damit setzen Sie sich nicht unter Druck, formulieren aber eine klare innere Haltung! In dem Sinn, dass Sie jetzt noch nicht wissen, wann Sie so weit sein werden, aber irgendwann den Punkt erreichen, dass Sie aus tiefster Überzeugung ausrufen werden: „Ich bin liebenswert!"

- Es geht um Ihre Person und um Ihr Wesen. Der Glaubenssatz hat also eine ganz zentrale, tief greifende Bedeutung für Sie. Er trifft Sie in Ihrem Kern. Formulierungsbeispiele können sein: „Ich nehme mich an, wie ich bin", „Ich darf glücklich sein" oder „Ich bin stark und kann mich gegen Angriffe wehren".

Formulieren Sie nun also einen positiven Glaubenssatz für sich! Oft reicht einer aus. Es sollten nicht mehr als zwei sein, damit Sie sich auf das Wesentliche konzentrieren können.

6. Treffen Sie die Entscheidung, dass der neue Glaubenssatz ab sofort für Sie gilt. Negative Glaubenssätze gehören in den Mülleimer! Wenn sie aus der Tiefe des Unbewussten wieder emporsteigen, verschieben Sie sie in den Papierkorb und richten Ihren Blick aktiv auf den neuen Glaubenssatz!
7. Wenn Ihnen Ihr neuer Glaubenssatz noch zu fremd ist und es Ihnen Schwierigkeiten bereitet, ihn anzunehmen, dann versuchen Sie, spielerisch mit ihm umzugehen. Fragen Sie sich im Selbstgespräch: „Wie wäre es eigentlich, wenn ich mich dafür entscheiden würde, den Glaubenssatz ‚Ich bin ein liebenswürdiger Mensch' für mich anzunehmen?" Fragen Sie sich diesen Satz mehrmals täglich und versuchen Sie, sich mit dieser Möglichkeit anzufreunden.

8. Genießen Sie den neuen Glaubenssatz! Wie fühlt es sich an, wenn Sie ihn denken oder laut aussprechen?
   Die neuen Glaubenssätze werden unter anderem zu Verunsicherung führen, weil Sie positive Selbstüberzeugungen nicht gewohnt sind. Sie werden aber positive Gefühle und eine positive Resonanz in Ihrem Körper auslösen! Konzentrieren Sie sich auf diese positiven Signale und genießen Sie sie! Spüren Sie in Ihrem Körper nach, wo sich der neue Glaubenssatz in angenehmen Empfindungen ausdrückt! Beschreiben Sie sie möglichst präzise.
   Können Sie noch keine positive innere Resonanz fühlen, haben Sie Geduld mit sich, bleiben Sie aber dran! Es kann Wochen oder Monate dauern, bis Sie die positiven Veränderungen spüren können. Benutzen Sie Ihren Verstand und Ihre Disziplin, um sich immer wieder auf Ihren neuen Glaubenssatz auszurichten!
9. Üben Sie Ihre neuen Glaubenssätze ein! Denken Sie sie in entspannten Momenten! Holen die negativen Glaubenssätze Sie wieder ein, pflücken Sie sie auseinander und werfen sie in den Müll, wo sie hingehören. Konzentrieren Sie sich jedes Mal wieder neu auf Ihre positiven Glaubenssätze! Sie sind unglaublich wertvoll und werden Ihr gesamtes Leben verändern.

Sich selbst ein idealer Vater oder eine ideale Mutter sein

In unserem Alltag nehmen wir viele verschiedene Rollen ein: als Vater und Mutter, Sohn und Tochter, Ehemann und Ehefrau, Arbeitnehmer und Arbeitnehmerin, Konsument und Konsumentin, Nachbar und Nachbarin, Zuschauer und Zuschauerin und so weiter. Wir bleiben dieselben Menschen, übernehmen aber im Lauf eines Tages vielfältige Rollen.

In Stefans Fantasiereise hat er in seiner Vorstellung nacheinander die Rolle des Idealvaters und des Sohnes eingenommen. Jede

Rolle steht für unterschiedliche Anteile, die in Stefan existieren. Und je nachdem, worauf er sich konzentriert, verfügt er über verschiedene Möglichkeiten zu agieren und zu reagieren.

Auch wenn wir von der Beziehung zu uns selbst sprechen, nehmen wir unterschiedliche Positionen ein. Zum Beispiel können wir uns selbst zuhören und uns selbst ernst nehmen. In unserem Inneren teilen wir uns in zwei Personen auf, was uns mehr Handlungsspielraum eröffnet. Wenn wir unsere schwachen Seiten betrachten, sehen wir einen anderen Menschen, als wenn wir unsere Stärken betrachten.

Auf dem Weg zur inneren Heilung ist es von grundlegender Bedeutung, sich mit seinen Fähigkeiten und Stärken zu beschäftigen. Bei Stefan haben wir gesehen, wie wertvoll es für ihn war, sich selbst ein guter Vater zu sein. Deswegen wollen wir uns an dieser Stelle mit den Möglichkeiten beschäftigen, die wir als selbstbestimmte Erwachsene haben, indem wir eine Fantasiewelt erschaffen, die uns für die Realität stark macht.

Im Folgenden verwende ich den Begriff „Vater". Für viele Menschen sind mit diesem Begriff keine positiven Erinnerungen verbunden. Um die folgend beschriebene Fantasiereise für sich nutzen zu können, ist es notwendig, eine Person zu wählen, der Sie in Ihrer Fantasie umfassend positive Eigenschaften zuschreiben können. Wenn Ihre Geschichte mit Ihrem Vater zu sehr belastet ist, kann das zu Blockaden führen. Ist Ihre Beziehung zu Ihrer Mutter wesentlich besser, ersetzen Sie den Begriff Vater in diesem Kapitel jeweils durch „Mutter". Sollten Sie sowohl zu Ihrem Vater als auch zu Ihrer Mutter ein stark belastetes Verhältnis haben und sich deshalb schwertun, Ihrem inneren Kind ein guter Vater oder eine gute Mutter zu sein, können Sie stattdessen auch ein Fabel- oder Fantasiewesen, wie zum Beispiel Superman, wählen, dessen starke und positive Eigenschaften Sie schätzen.

Zweifellos haben unsere leiblichen Eltern in der Vergangenheit Fehler begangen. Selbstverständlich waren sie nicht perfekt, und einige Dinge sind in unserer Erziehung schiefgelaufen. Wir können die Zeit unserer Kindheit und Jugend nicht mehr zurückdrehen. Unsere Eltern können jetzt nichts mehr wiedergutmachen. Die Verletzungen, die wir davongetragen haben, kann keiner ungeschehen machen. Aber Sie können die Entscheidung treffen, dass Sie mit sich besser umgehen wollen. Sie können sich selbst ein fürsorglicherer Vater oder eine liebevollere Mutter sein. Nicht, weil Sie ein besserer Mensch sind, sondern weil Sie zumindest die Fehler, unter denen Sie gelitten haben, nicht wiederholen werden. Und weil Sie selbst am besten wissen, wonach Sie sich aus tiefstem Herzen sehnen.

Es existiert nicht nur das Bild unseres Vaters in uns, sondern auch ein anderes – vielleicht noch recht abstraktes – Bild eines perfekten Vaters. Wenn wir darüber nachdenken, was wir uns als Kind von unseren Eltern gewünscht haben und was sie uns idealerweise hätten geben sollen an Unterstützung, Liebe und Fürsorge, werden wir auf dieses Bild stoßen.

Wenn wir von unseren tief liegenden, unerfüllten Sehnsüchten ausgehen, finden wir die Antwort. Bei näherer Betrachtung bildet sich die Figur eines idealen Vaters heraus. Als Erwachsene haben wir die Freiheit, uns von den schlechten Seiten unserer Eltern zu distanzieren und uns – bildlich gesprochen – selbst ein neuer, idealer Vater oder eine vollkommene Mutter zu sein.

Wenn wir uns auf die Fantasiereise begeben, versuchen wir uns vorzustellen, wie wir als verantwortungsvoller, liebevoller Vater dem verletzten inneren Kind Gutes tun, sanft und beschützend sind. Wir versprechen als „Große" unserem inneren Kind, uns immer und in jeder Situation um es zu kümmern, es gegen jede Gefahr von außen zu verteidigen und es bedingungslos bis zum letzten Atemzug zu lieben! Nichts auf dieser Welt kann diese Liebe unterbinden, sie wird immer da sein! Sehen wir uns die ideale Vaterfigur genauer an.

Ziel der folgenden Übung ist, dass Sie ein Bild von einem

idealen Vater (oder einer alternativen Idealfigur) entwickeln und in einem zweiten Schritt erleben, wie es sich anfühlt, ein idealer Vater zu sein. Es geht hierbei um ein Bild. Es geht nicht darum, dass Sie tatsächlich perfekt sein sollen.

Sammeln Sie vorab Eigenschaften, die Sie von einem idealen Vater erwarten. Schreiben Sie sie in Ihrem Tagebuch auf. Es könnte sich um Eigenschaften handeln wie stark, sanft, zuverlässig, gerecht, durchsetzungsfähig, aufmerksam, beschützend, liebevoll und vieles mehr. Es ist der Vater, der für *Sie* ideal ist, der Ihren Wünschen und Bedürfnissen zu 100 Prozent entspricht.

Wenn Sie von dieser Liste Eigenschaften für sich übernehmen wollen, prüfen Sie sie sorgfältig, ob Sie wirklich Ihren eigenen Maßstäben entsprechen.

Sollten Sie nicht das Bild des Vaters wählen wollen oder möchten Sie in der folgenden Anleitung die positiven Eigenschaften Ihrer Idealfigur noch ergänzen, dann schreiben Sie die Anleitung ab. Tragen Sie an den entsprechenden Stellen statt „Vater“ „Mutter“ oder eine andere Person ein, ersetzen Sie „Kind“ durch „Tochter“ oder „Sohn“ und ergänzen oder verändern Sie gegebenenfalls die zusätzlichen positiven Eigenschaften im Text, bis die Beschreibung vollständig Ihren Vorstellungen entspricht. Sollte es zu Ihren tiefsten Sehnsüchten passen, haben Sie den Mut, als Frau die Rolle des Idealvaters oder als Mann die Rolle der Idealmutter anzunehmen.

Haben Sie grundsätzlich Schwierigkeiten damit, in die Elternrolle zu schlüpfen, können Sie auch eine Fantasiefigur wählen, mit der Sie ausschließlich positive Eigenschaften verbinden, wie zum Beispiel Meister Yoda aus *Star Wars*. Auch Yoda oder eine andere Fantasiefigur kann sich hervorragend um ein verletztes Kind kümmern. Wenn Sie die Szene für Ihre Bedürfnisse überarbeitet haben, spielen Sie die Fantasiereise durch:

Übung

Sich selbst ein idealer Vater, eine ideale Mutter sein

Nehmen Sie sich Zeit und suchen Sie sich einen Ort der Ruhe.
Lesen Sie Satz für Satz langsam durch und lassen Sie sich nach jedem Satz mindestens fünf Sekunden Zeit, in denen Sie sich auf die Umsetzung der Anweisung konzentrieren.

Zunächst achten Sie auf sich selbst:

Setzen Sie sich entspannt hin.

Atmen Sie ruhig und regelmäßig ein und aus.

Machen Sie es sich bequem.

Bringen Sie Ihren Körper in eine entspannte Position.

Konzentrieren Sie sich auf Ihre Füße, was fühlen Sie?

Konzentrieren Sie sich auf Ihre Beine, was fühlen Sie? Sorgen Sie für eine entspannte Haltung.

Lenken Sie Ihre Konzentration auf den Po, sitzt er bequem?

Lenken Sie die Aufmerksamkeit auf Ihren Bauch, hat er Platz zum Atmen?

Konzentrieren Sie sich auf Ihren Rücken und nehmen Sie eine entspannte, aufrechte Position ein.

Konzentrieren Sie sich auf Ihre Brust, atmen Sie ruhig ein und aus. Nehmen Sie mit Ihrem Oberkörper eine Position ein, die Stolz ausdrückt.

Konzentrieren Sie sich auf Ihren Hals, ist er in einer angenehmen Haltung?

Konzentrieren Sie sich auf Ihre Arme, befinden sie sich in einer bequemen Lage?

Konzentrieren Sie sich auf Ihren Kopf und machen Sie ihn frei.

Haben Sie sich entspannt, kann die Fantasiereise losgehen:

In Ihrer Fantasie sitzen Sie in einem gemütlichen Raum in einen bequemen Sessel.

Stellen Sie sich vor, dass Sie ein guter Vater sind.

Sie sitzen entspannt und ganz bequem in Ihrem Sessel und spüren, wie sich Ihr Oberkörper mit jedem Atemzug hebt und senkt.

Sie fühlen Ihre körperliche Stärke.

Sie spüren nach, wie es sich anfühlt, frei zu sein und das Leben selbst zu steuern.

Kein Mensch kann Sie aufhalten.

Sie sind klug und lieben Gerechtigkeit. Sie mögen es nicht, wenn anderen Menschen Unrecht getan wird.

Gar nicht können Sie es ertragen, wenn Kinder unter Ungerechtigkeit leiden.

Es betritt ein Kind den Raum, das traurig ist und weint, weil es schlecht behandelt wurde.

Sie winken das Kind zu sich heran, und es kommt auf Sie zu.

Sie blicken dem Kind ins Gesicht. Sie sehen, dass es dasselbe Leid erfahren hat wie Sie früher. Sie schauen genauer hin und sehen, dass das Kind, das vor Ihnen steht, Ihr inneres Kind ist.

Sie laden es ein, sich auf Ihren Schoß zu setzen.

Ihr inneres Kind klettert auf Ihren Schoß, schmiegt seinen Kopf an Ihre Brust und legt die Arme um Sie.

Sie umarmen Ihr inneres Kind und schenken ihm Geborgenheit.

So sitzen Sie eine Weile da, Ihr inneres Kind hört allmählich auf zu schluchzen und wird ganz ruhig.

Gemeinsam genießen Sie den Frieden und die Ruhe.

Sie spüren das unschuldige kleine Kind in Ihren Armen und auf Ihrem Bauch.

Sie fühlen Ihre Stärke.

Sie fällen die Entscheidung, dass Sie dieses Kind nie wieder allein lassen werden. Sie versprechen ihm, dass Sie es vor allen Angriffen schützen werden.

Sie werden nicht mehr zulassen, dass Ihrem inneren Kind auch nur ein Haar gekrümmt wird.

Ihr inneres Kind wird immer ruhiger und entspannter. Es schlummert ein.

Sie genießen es, es in Ihren Armen zu halten. Sie spüren seine Wärme, seine regelmäßige Atmung.

Sie sind glücklich, weil Sie wissen, dass die Leidensgeschichte Ihres inneren Kindes endlich vorbei ist.

Sie spüren die neue Freiheit.

Sie genießen es, Ihr inneres Kind zu schützen.

Sie spüren dem Frieden noch eine Weile nach, bis Sie die Augen heben und sich wieder in Ihrer tatsächlichen Umgebung orientieren. Sie kommen in die Gegenwart zurück.

Unserer Fantasie sind keine Grenzen gesetzt. Wir können uns Welten schaffen, die unzerstörbar sind, weil kein anderer Mensch zu ihnen einen Zugang hat. Dort können wir reine Liebe und Geborgenheit erfahren. In der Fantasie schaffen Sie sich einen Raum, in dem Sie endlich wirklichen Frieden und tiefe Liebe erfahren können. Dieser Raum ist vor allen Angriffen sicher, weil ihn keiner außer Ihnen kennt. Nach außen ist er absolut unsichtbar! Wenn Sie diese Übung wiederholen, werden Sie zunehmend sicherer in Ihrer neuen Rolle als idealer Vater oder als ideale Mutter werden. Sie sind ein guter Tröster!

Wir haben also nun geübt, ein idealer Vater oder eine vollkommene Mutter zu sein. Wir tragen jetzt eine besondere Stärke in uns, eine neue Zuversicht, und vor allen Dingen sind wir unabhängig geworden. Wir sind jetzt nicht mehr auf die Liebe, Zuwendung, Anerkennung und den Schutz anderer angewiesen, gleichwohl wir sie schätzen. Wir sind erwachsene Menschen, die selbstbestimmt durchs Leben gehen, die kein Unrecht zulassen und Menschen, die Hilfe brauchen, beschützen.

Aber was ist, wenn die alten Selbstzweifel Sie einholen, wenn das altbekannte Gefühl von Wertlosigkeit und Unfähigkeit wieder in Ihnen aufsteigt? Es mag etwas verwirrend klingen, aber dagegen können Sie nichts tun. Wirklich nicht. Das alte Leben gehört zu Ihnen, Ihre Geschichte können Sie nicht ausradieren. Diese Minderwertigkeitsgefühle sind ein Teil von Ihnen. Es lohnt sich nicht, gegen sie anzukämpfen. Wenn Sie versuchen, sie zu begraben oder zu verdrängen, werden sie an einer anderen Stelle wieder emporsteigen. Dennoch sind Sie diesen Gefühlen nicht machtlos ausgeliefert!

Während wir irrige Überzeugungen als Lügen entlarven und in einen Mülleimer werfen können, gelingt dies mit unangenehmen Gefühlen nicht so einfach. Gefühle sind in ihrem Wesen frech. Sie gehen und kommen, wie sie wollen. Dennoch gibt es Steuerungsmöglichkeiten, die wir nutzen können.

Wenn wir uns mit den Verletzungen auseinandersetzen, die wir als Kind erfahren haben und die in unserem inneren Kind weiterleben, steigen selbstverständlich auch die alten Gefühle wieder in uns hoch. Wir haben aber auch schon Kontakt mit den starken Seiten in uns aufgenommen. Wir sind heute definitiv nicht mehr so hilflos wie als Kind, als die verletzenden Situationen eintraten. Sondern wir sind erwachsen und haben gelernt, uns zu wehren.

Es geht nicht darum, die eigene persönliche Geschichte zu verleugnen. Aber man kann sich von den verletzenden Situationen verabschieden.

Als wir von der Grundschule auf die weiterführende Schule wechselten, haben wir uns damals von der Grundschule verabschiedet. Unbestritten ist die Grundschule Teil unserer Lebensgeschichte. Aber sie ist unsere Vergangenheit und wird nicht wiederkehren. Dieser Lebensabschnitt ist ein für alle Mal vorbei, auch wenn er als Erinnerung in uns fortbesteht. Wir können zwar noch wehmütige Gefühle empfinden, aber die Schulzeit wird nicht wiederkehren.

Genauso können Sie sich von Lebensereignissen verabschieden, in denen Sie verletzt wurden. Mögen auch die bitteren Gefühle immer mal wieder emporsteigen, so können Sie doch mit ihnen umgehen. Sie lernen gerade, sich selbst zu schützen, und wissen, dass sich die verletzenden Situationen nicht wiederholen werden. Dafür sorgen Sie.

Steigen also die alten, negativen Gefühle in Ihnen auf, erkennen Sie sie an, wenden dann aber Ihren Blick ab und schauen auf Ihre positiven Seiten und Ihre Stärken. Die alten, negativen Gefühle sind zwar noch da, aber Sie geben ihnen nur wenig Raum. Sie ertragen sie eine Zeit lang, bis sie wieder nachlassen. Sie richten Ihren Blick aktiv auf Ihre neuen Glaubenssätze und auf die Möglichkeiten und Fähigkeiten, die Sie haben, um in Frieden leben zu können.

Kommen wir nun zum entscheidenden Schritt auf dem Weg zur inneren Heilung. Um die nächste Übung absolvieren zu können, ist Voraussetzung, dass Sie die Erinnerungen an verletzende Erfahrungen von früher aushalten können. Sollten diese Erinnerungen für Sie unerträglich sein und panikartige Reaktionen oder Ähnliches auslösen, dann suchen Sie sich bitte Hilfe bei einem Psychiater und verzichten darauf, die folgende Übung allein durchzuführen.

Im Folgenden werden wir uns erneut auf eine Fantasiereise begeben. Es handelt sich um dieselbe Szene wie bei der zurückliegenden Fantasiereise, diesmal schlüpfen Sie aber in die Rolle des Kindes. Dadurch eröffnet sich Ihnen die Möglichkeit, uneingeschränkt Liebe und Geborgenheit zu erleben. Vielleicht ist es für Sie wieder notwendig, den Begriff „Vater" durch „Mutter" oder eine andere Figur zu ersetzen. Verändern Sie den Text wieder so, dass er perfekt auf Ihre Situation passt. Schreiben Sie die auf Ihre Bedürfnisse zugeschnittene Übung in Ihr Tagebuch. Denken Sie daran: Sie sind gleichzeitig der Regisseur und das Kind. Als Kind erleben Sie nur, was der Regisseur, nämlich Sie, heute vorgibt. Der Regisseur allein bestimmt, was in der Szene passiert.

Praxistipp

Heilung des inneren Kindes

Nehmen Sie sich Zeit und suchen Sie sich einen Ort der Ruhe.
Lesen Sie Satz für Satz langsam durch und lassen Sie sich nach jedem Satz mindestens fünf Sekunden Zeit, in denen Sie sich auf die Umsetzung der Anweisung konzentrieren.

Zunächst achten Sie auf sich selbst:

Setzen Sie sich entspannt hin.

Atmen Sie ruhig und regelmäßig ein und aus.

Machen Sie es sich bequem.

Bringen Sie Ihren Körper in eine entspannte Position.

Konzentrieren Sie sich auf Ihre Füße, was fühlen Sie?

Konzentrieren Sie sich auf Ihre Beine, was fühlen Sie? Sorgen Sie für eine entspannte Haltung.

Lenken Sie Ihre Konzentration auf den Po, sitzt er bequem?

Lenken Sie die Aufmerksamkeit auf Ihren Bauch, hat er Platz zum Atmen?

Konzentrieren Sie sich auf Ihren Rücken und nehmen Sie eine entspannte, aufrechte Position ein.

Konzentrieren Sie sich auf Ihre Brust, atmen Sie ruhig ein und aus. Nehmen Sie mit Ihrem Oberkörper eine Position ein, die Stolz ausdrückt.

Konzentrieren Sie sich auf Ihren Hals, ist er in einer angenehmen Haltung?

Konzentrieren Sie sich auf Ihre Arme, befinden sie sich in einer bequemen Lage?

Konzentrieren Sie sich auf Ihren Kopf und machen Sie ihn frei.

Und nun leiten Sie Ihren Heilungsprozess ein:

Erinnern Sie sich, aber nur kurz, an eine Situation, von der Sie glauben, dass sie Sie als Kind in Ihrem Selbstwerterleben erschüttert hat.

Verlassen Sie diese Situation und treten Sie in einen Raum, der sehr gemütlich und freundlich eingerichtet ist.

Eine Mauer aus Zauberglas hält alle Menschen aus diesem Raum heraus, es sei denn, Sie gewähren ihnen Zutritt. Außerdem macht das Zauberglas diesen Raum für alle Menschen unsichtbar, nur Sie kennen ihn. Nur Sie bestimmen, wer diesen verborgenen Raum der Heilung betreten darf.

Wenn Sie durch die Zauberglaswand hindurchtreten, fühlen Sie als Widerstand nur einen zarten Windhauch. Für Sie ist sie durchlässig, für alle anderen ist sie ein unüberwindbares Hindernis.

Sie schauen in den Raum, der sehr gemütlich eingerichtet ist und Geborgenheit ausdrückt. Hier sind Sie in Sicherheit. Sie sehen in einem Sessel einen Mann sitzen, der offen und vertrauenserweckend aussieht. Er winkt Sie zu sich heran.

Sie treten vorsichtig näher.

Als Sie vor ihm stehen, entdecken Sie, dass dieser Mann Sie selbst sind. Sie sehen sich selbst, wie Sie als idealer Vater aussehen.

Eine große Last fällt von Ihren Schultern ab. Nun sind Sie wirklich in Sicherheit. Dieser Mann ist Ihr Idealvater, der Ihnen nur Gutes tun wird, weil er Sie selbst ist. Er ist kraftvoll und sanft. Er versteht, wie es Ihnen geht und wie Sie sich fühlen. Er leidet mit Ihnen. Gleichzeitig strahlt er Zuversicht aus.

Ihr Idealvater lädt Sie ein, sich auf seinen Schoß zu setzen.

Sie setzen sich auf seinen Schoß und umarmen ihn mit Ihren kleinen Armen. Sie schmiegen Ihren Kopf an seine starke Brust.

Er schließt seine Arme um Sie.

Sie fühlen sich sicher, hier kann Ihnen kein Mensch mehr etwas antun. Sie wissen, dass Sie Ihrem Idealvater völlig vertrauen können.

Ihre innere Anspannung löst sich, Sie lassen Ihren Tränen freien Lauf.

Ihr Idealvater hält Sie fest in seinen kraftvollen Armen. Sein ruhiger und gleichmäßiger Atem wirkt entspannend.

Sie genießen die Wärme und die Geborgenheit.

Die Angst weicht, stattdessen stellt sich ein Gefühl von Sicherheit ein. Sie spüren in Ihrem Körper nach, wie sich Liebe und Geborgenheit auswirken. Spüren Sie Wärme, ein wohliges Kribbeln, ist es kuschelig?

Sie hören Ihren Idealvater, wie er zu Ihnen spricht: „Ich liebe dich. Ich werde dich nie wieder alleine lassen. Du bist mein wertvolles Kind, und ich werde es nie wieder zulassen, dass dir jemand wehtut."

Weiter hören Sie: „Ich glaube an dich, du bist ein starkes Kind. Ich werde dich immer begleiten. Immer wenn du es brauchst, schenke ich dir meinen Schutz und meine Geborgenheit."

Sie lassen diese liebevollen und wohltuenden Worte auf sich wirken und genießen sie. Sie spüren die positive Resonanz in Ihrem Körper.

Sie sagen Ihrem Idealvater, dass Sie immer in seiner Nähe bleiben wollen.

Sie genießen noch eine Weile diese Geborgenheit.

Allmählich öffnen Sie Ihre Augen und richten Ihre Aufmerksamkeit wieder auf Ihre Umgebung.

Sie kommen wieder in der Realität an und spüren eine Weile den Empfindungen der Geborgenheit nach.

In diesem Moment hat Ihr Heilungsprozess begonnen. Sie haben einen sicheren Raum geschaffen, in dem eine heilsame Atmosphäre existiert. Sie verfügen nun über die Möglichkeit, eine glückliche Kindheit zu erleben. Spielen Sie die Fantasiereise immer wieder durch. Erweitern Sie sie mit der Zeit. Gehen Sie eine heilende Beziehung zu sich selbst ein. Wachsen Sie Stück für Stück. Sie werden beeindruckt sein, welche Kraft und Dynamik von dieser Fantasiereise ausgehen. Sie werden rasch merken, wie Selbstliebe und Selbstwert von Mal zu Mal stärker werden! Mit jeder Wiederholung wächst Ihr glückliches inneres Kind ein Stück und entwickelt sich weiter.

Den Heilungsprozess steuern

Auf dem Weg der Veränderung ist ein funktionierendes Zusammenspiel aus Verstand und Gefühl notwendig. Mit unserem Verstand haben wir neue Glaubenssätze formuliert, in der Fantasiereise erleben wir auf der Gefühlsebene, wie wunderbar sich Frieden, Geborgenheit und Stärke anfühlen. Nun folgt eine Übung, mit der wir diese Bereiche wirkungsvoll verknüpfen können.

Mit der Methode des Ankerns steht Ihnen die Möglichkeit offen, Ihren neuen Glaubenssatz mit positiven Gefühlen wie Liebe, Wärme und Geborgenheit zu verbinden und spontan abzurufen.

Dabei verknüpfen Sie die in den Fantasiereisen erlebten positiven körperlichen Reaktionen mit einer Handbewegung und Ihrem neuen Glaubenssatz. Dadurch können Sie später in umgekehrter Reihenfolge durch die Handbewegung und den Glaubenssatz dieses Körpergefühl hervorrufen, das seinerseits das damit verbundene positive Gefühlserleben ins Bewusstsein ruft. Ankern ist eine sehr elegante Methode, um Ihren inneren Heilungsprozess aktiv zu gestalten und immer wieder neu anzustoßen.

Übung

Ankern von Glaubenssätzen

1. Sie haben in der Fantasiereise des Idealvaters erlebt, wie es sich anfühlt, ein fürsorglicher, liebevoller, starker und durchsetzungsfähiger Vater zu sein. In Ihrer Fantasiereise haben Sie diese Eigenschaften in Ihrem Körper in Form von Wärme, angenehmem Kribbeln oder Ähnlichem spüren können. Beschreiben Sie dieses Körpergefühl.
2. Sie haben in der Fantasiereise der Heilung des inneren Kindes erlebt, wie sich Frieden und Geborgenheit in Ihrem Körper anfühlen. Beschreiben Sie dieses Körpergefühl.
3. Verknüpfen Sie diese Körpergefühle miteinander. Wie fühlt es sich in Ihrem Körper an, gleichzeitig zu lieben und geliebt zu werden? Beides tragen Sie in sich, Sie sind ein Mensch. Wo spüren Sie das in Ihrem Körper, und wie fühlt es sich an? Beschreiben Sie dieses Körpergefühl wie beispielsweise Leichtigkeit im Brustbereich oder Wärme im Bauch genau so, wie es sich bei Ihnen anfühlt. Genießen Sie es.
4. Wählen Sie eine Handbewegung, die Sie mit Ihrem positiven Körpergefühl verknüpfen wollen. Wenn sich Liebe, Stärke und Geborgenheit zum Beispiel als freudiges Kribbeln in Ihrer Brust ausdrücken, dann kann es passen, eine flache Hand auf die Brust zu legen. Sie könnten zum Ankern aber auch eine Faust ballen, sich auf den Bauch fas-

sen oder eine andere Bewegung machen, die zu Ihrem Körpergefühl passt und mit der eine Verbindung zwischen positivem Gefühl und neuem Glaubenssatz aufgebaut werden kann. Mit der Handbewegung und dem Glaubenssatz können Sie zukünftig eine Verbindung zu Ihrem mit positiven Gefühlen verknüpften Körpergefühl herstellen. Die Handbewegung und der laut ausgesprochene Glaubenssatz sind der Anker.

5. Jetzt können Sie Ihre neue Selbstliebe üben. Gehen Sie bei der Übung in umgekehrter Reihenfolge vor. Zuerst führen Sie die ausgewählte Handbewegung aus. Sprechen Sie zeitgleich Ihren neuen Glaubenssatz aus und spüren Sie dann Ihrem Körpergefühl nach, das für Geborgenheit, Liebe und Stärke steht. Dadurch werden die unterschiedlichen Bereiche miteinander verknüpft, und das, was wir in den vorherigen Übungen voneinander getrennt erlebt haben, wird zu einem großen Ganzen. Nun kann keine Macht dieser Welt Ihren Prozess der inneren Heilung aufhalten! Üben Sie das Erleben einer heilen Seele regelmäßig, mehrmals täglich ein!

Selbstliebe heißt, Ja! zu uns zu sagen. Wir sorgen für uns, tun uns Gutes, loben uns, erkennen und nehmen uns an mitsamt unseren Schwächen und Unzulänglichkeiten. Mit den Fantasiereisen halten wir das Werkzeug für innere Heilung in der Hand, das uns in die Lage versetzt, uns selbst zu lieben. Wir werden dieses Glück, zu lieben und geliebt zu werden, nicht mehr vergessen. Es eröffnet sich eine ganz neue, wunderbare Dimension menschlichen Lebens! Unsere Fantasie ist unser Königreich. Kein Mensch kann uns die Welten nehmen, die wir in uns erschaffen. Kein Mensch kann sie auch nur sehen. Allein wir sehen sie, und wir bestimmen, was hier passiert.

Durch die Liebe zu Ihnen selbst werden sich ungeahnte Möglichkeiten eröffnen. Türen werden aufgestoßen, die Sie vorher gar nicht gesehen haben. Sie werden Ziele erreichen, die Sie für unerreichbar hielten! Das Glück, sich selbst zu lieben, liegt in Ihrer Hand. Niemand kann es Ihnen nehmen. Sie bestimmen, wie viel Raum Sie Ihrer Selbstliebe geben. Sie bestimmen Ihr Schicksal selbst! Selbstliebe eröffnet Ihnen das Tor zu einer neuen Welt!

KAPITEL 15

Aufbruch

Wir haben uns nun intensiv mit den Facetten der Selbstliebe und dem Weg zur inneren Heilung auseinandergesetzt. Es eröffnen sich nun so viele Möglichkeiten, dass Sie vielleicht gar nicht wissen, wo Sie anfangen sollen.

Es ist nicht ratsam, allen Praxistipps folgen zu wollen. Wichtig ist, was uns innerlich berührt, was eine starke emotionale Reaktion in uns auslöst. Fangen Sie mit dem an, was Sie innerlich am stärksten ins Schwingen bringt. Konzentrieren Sie sich auf einen Punkt, den Sie besonders ernst nehmen, und üben Sie ihn wieder und wieder.

Veränderungen brauchen ihre Zeit. Rückfälle in alte Denk- und Gefühlsmuster gehören zu einem Veränderungsprozess untrennbar dazu. Haben Sie Geduld mit sich. Beim Nachverfolgen Ihrer Weiterentwicklung sollten Sie von Woche zu Woche und Monat zu Monat schauen. Bei der Lektüre Ihrer Tagebuchaufzeichnungen, die mehrere Monate zurückliegen, werden Sie feststellen, dass sich trotz aller Rückschläge schon viel entwickelt hat. Die Tatsache, dass Sie sich weiterentwickeln, wird Ihnen jede Menge Motivation schenken, dranzubleiben.

Gehen Sie gelassen mit Ihren Fehlern um. Rückschläge können sich wie ein Schlag in die Magengrube anfühlen. Egal. Stehen Sie zu Ihren Fehlern. Umarmen Sie sie. Gehen Sie mit Kritik offen um. Sie benötigen Zeit, um Ihre Wunden zu lecken. Und dann ziehen Sie Schlüsse aus Ihrem Scheitern. Lernen Sie und machen Sie es beim nächsten Mal besser. Geben Sie niemals auf!

Sie haben Ihre Ziele fest im Blick. Ihre Lebensvisionen sind klar beschrieben. Für den Weg dorthin haben Sie sich viele Zwischenziele gesetzt. Die längste Reise beginnt mit einem ersten Schritt. Setzen Sie sich überschaubare Etappenziele, behalten Sie aber Ihre Lebensvisionen im Hinterkopf! Sie werden im Verlauf Ihres Lebens sehen, was sich erreichen lässt. Das Erreichen der Etappenziele wird ordentlich gefeiert, auch der kleinen!

Sie und ich, wir sind wunderbare, liebenswerte Menschen. Wir wollen für uns nur das Beste, mit dem Zweitbesten geben wir uns nicht zufrieden. Das erste große Ziel haben Sie schon erreicht. Sie haben sich entschieden, sich selbst zu lieben, sonst hätten Sie nicht bis hierher gelesen. Sie lieben sich, und deshalb lieben Sie auch Ihre Nächsten. Das ist wunderbar. Es gibt Grund zu feiern. Jetzt!

Anhang

Übersicht der Praxistipps und Übungen

Literatur

Arden, Paul: *Es kommt nicht darauf an, wer Du bist, sondern wer Du sein willst,* 3. Auflage, Phaidon Verlag 2007

Bauer, Joachim: *Prinzip Menschlichkeit, Warum wir von Natur aus kooperieren,* 4. Auflage, Heyne Verlag 2010

Berndt, Christina: *Resilienz, Das Geheimnis der psychischen Widerstandskraft,* 4. Auflage, dtv 2015

Bibel, Die, nach der Übersetzung Martin Luthers, Deutsche Bibelstiftung Stuttgart 1975

Chopich, Erika J. und Paul, Margaret: *Aussöhnung mit dem inneren Kind,* 15. Auflage, Ullstein Verlag 2003

Frankl, Viktor E.: *... trotzdem Ja zum Leben sagen, Ein Psychologe erlebt das Konzentrationslager,* 7. Auflage, Kösel Verlag 2015

Fröhlich-Gildhoff, Gabriele: *Resilienz, das Immunsystem der Seele stärken*, Erfahrungsheilkunde 2015;64:324-327

Fromm, Erich: *Die Kunst des Liebens,* 66. Auflage, Ullstein Verlag 2007

Grawe, Klaus: *Neuropsychotherapie,* Hogrefe Verlag 2004

Kast, Verena: *Trauern, Phasen und Chancen des psychischen Prozesses,* 2. Auflage, Kreuz Verlag 2014

Klein, Sascha: *Die Glücksformel oder wie die guten Gefühle entstehen,* 15. Auflage, Rowohlt Taschenbuch Verlag 2008

Lindenmeyer, Johannes: *Lieber schlau als blau*, 8. Auflage, Beltz 2010

Mann, Karl et al.: *Qualifizierte Entzugsbehandlung von Alkoholabhängigen, Ein Manual zur Pharmako- und Psychotherapie,* Deutscher Ärzte-Verlag 2006

Mentzos, Stavros: *Lehrbuch der Psychodynamik*, Vandenhoeck & Ruprecht 2009

Mohl, Alexa: *Der Zauberlehrling, Das NLP Lern- und Übungsbuch,* 7. Auflage, Junfermann Verlag 2000

Mourlane, Denis: *Resilienz, die unentdeckte Fähigkeit der wirklich Erfolgreichen*, 5. Auflage, BusinessVillage 2014

Reddemann, Luise: *Imagination als heilsame Kraft, Hör-CD mit Übungen zur Aktivierung von Selbstheilungskräften,* Klett-Cotta 2003

Rohr, Richard: *Der wilde Mann, Geistliche Reden zur Männerbefreiung,* 13. Auflage, Claudius Verlag 1990

Schaller, Roger: *Stellen Sie sich vor, Sie sind . . . Das Ein-Personen-Rollenspiel in Beratung, Coaching und Therapie,* Verlag Hans Huber 2009

Schmid, Wilhelm: *Glück, Alles, was Sie darüber wissen müssen, und warum es nicht das Wichtigste im Leben ist,* 12. Auflage, Insel Verlag 2013

Sprenger, Reinhard K.: *Die Entscheidung liegt bei Dir! Wege aus der alltäglichen Unzufriedenheit,* 11. Auflage, Campus Verlag 2002

Staples, Walter Doyle: *Think like a Winner! Der Weg zu Spitzenleistungen,* 3. Auflage, Junfermann Verlag 1999

Weiss, Halko; Harrer, Michael; Dietz, Thomas: *Das Achtsamkeitsbuch*, 2. Auflage, Klett-Cotta Verlag 2010